Hessen
Landesabitur 2013
Abitur-Training
Deutsch

Autoren:
Sabine Heßler, Christiane Mayer, Maren Rennoch, Stefanie Schäfers, Catrin Siedenbiedel, Stephan Warnatsch

Der Abdruck der Trainingsaufgaben erfolgt mit freundlicher Genehmigung der Kultusministerien in Hessen und Nordrhein-Westfalen.

HESSEN LANDESABITUR 2013

Abitur-Training

DEUTSCH

Trainingsaufgaben mit Lösungen

Die in diesem Werk angegebenen Internetadressen haben wir überprüft (Redaktionsschluss Juli 2012). Dennoch können wir nicht ausschließen, dass unter einer solchen Adresse inzwischen ein ganz anderer Inhalt angeboten wird.

Herausgeber: Bibliographisches Institut GmbH, Mannheim
Marketing & Vertrieb: Cornelsen Schulverlag Marketing GmbH, Berlin

Das Wort **Cornelsen** ist für die Cornelsen Verlag GmbH als Marke geschützt.

Alle Rechte vorbehalten.
Das Werk und seine Teile sind urheberrechtlich geschützt. Jede Nutzung in anderen als den gesetzlich zugelassenen Fällen bedarf deshalb der vorherigen schriftlichen Einwilligung des Verlags. Weder das Werk noch seine Teile dürfen ohne eine solche Einwilligung eingescannt und in ein Netzwerk eingestellt oder sonst öffentlich zugänglich gemacht werden. Dies gilt auch für Intranets von Schulen oder sonstigen Bildungseinrichtungen.

© 2012 Bibliographisches Institut GmbH
Dudenstraße 6, 68167 Mannheim
2., aktualisierte und überarbeitete Auflage
Projektleitung: Anja Sokoll/Marion Clausen, Berlin
Redaktion: Marion Clausen, Berlin
Gesamt- und Umschlaggestaltung: Torsten Lemme, Berlin
Layout und Herstellung: cs print consulting, Berlin
Druck und Bindearbeiten: orthdruk, Bialystok, Polen
Printed in Poland
ISBN 978-3-06-150147-1

 Gedruckt auf säurefreiem Papier, umweltschonend hergestellt aus chlorfrei gebleichten Faserstoffen.

INHALT

Vorwort

So trainieren Sie für die Abiturprüfung 7

Hinweise zu den Prüfungsbestimmungen

Wie läuft die Prüfung ab? 8
Welche Themen werden geprüft? 8
Welche Aufgabenarten gibt es? 9
Was sind Operatoren und Anforderungsbereiche? 9
Wie gehen Sie am besten an die Aufgaben heran? 11
Wie wird die Abiturarbeit bewertet? 11
Gibt es eine mündliche Abiturprüfung? 12

Umgang mit Texten (Epik/Dramatik)

Trainingsaufgabe 1
   Textinterpretation; Erörterung (GK)* 14
   Kafka: Ein altes Blatt
   Büchner: Woyzeck

Trainingsaufgabe 2
   Szenenanalyse; Charakterisierung, Textvergleich; Epochenzuordnung;
   Gestaltungsaufgabe (LK) 24
   Goethe: Faust I

Trainingsaufgabe 3
   Erörterung eines fachspezifischen Sachverhalts anhand einer
   Textvorlage (LK) 38
   Engler: Der Bündelungseffekt
   Schiller: Don Karlos

Trainingsaufgabe 4
   Vergleichende Textanalyse zweier Romane (GK und LK) 46
   Schlink: Das Wochenende
   Hein: In seiner frühen Kindheit ein Garten

Trainingsaufgabe 5
   Textanalyse; Vergleich; Erörterung (LK) 58
   Zweig: Medea in Prag
   Wolf: Medea. Stimmen

* GK = Grundkurs, LK = Leistungskurs

Umgang mit Texten (Lyrik)

Trainingsaufgabe 6
Gedichtinterpretation; Gedichtvergleich; Verfassen eines literarischen
Textes (GK) 72
Novalis: Es färbte sich die Wiese grün
Brecht: Über das Frühjahr

Reflexion über Sprache

Trainingsaufgabe 7
Vergleichende Analyse von Sachtexten (GK) 82
Herder: Abhandlung über den Ursprung der Sprache
Kirschner/Richter/Wagner: Wie kam das Wort zum Menschen?

Anhang

Literaturepochen im Überblick 92
Textgattungen im Überblick 100

Originalprüfung 2012 Grundkurs

Prüfung 104
Lösung 109

* GK = Grundkurs, LK = Leistungskurs

So trainieren Sie für die Abiturprüfung

Dieser Band ermöglicht Ihnen eine gezielte Abiturvorbereitung: Im Mittelpunkt steht das Training anhand von Aufgabenstellungen, die genau zu den Anforderungen Ihres Abiturjahrgangs passen.

Das Kapitel „**Hinweise zu den Prüfungsbestimmungen**" informiert Sie über alle wichtigen Bestimmungen und den Ablauf der Abiturprüfung. Besonders hilfreich ist das Verzeichnis der **Operatoren** (Handlungsanweisungen), in dem Sie die Formulierungen der Aufgabenstellungen erläutert finden (s. S. 9 ff.).

Im Hauptteil finden Sie Aufgabenstellungen und Materialien, mit denen Sie sich konkret auf Ihre Abiturprüfung vorbereiten können. Die Aufgaben wurden sorgfältig ausgewählt; dabei wurden die wichtigsten Aufgabentypen, die geforderten Themengebiete und die nützlichsten Lösungsstrategien berücksichtigt.

Zu jeder **Trainingsaufgabe** finden Sie vorab eine Tabelle mit Angaben über
- die Aufgabenart,
- das zugrunde liegende Material,
- die Textsorte,
- das Thema,
- das Leistungsniveau.

Die **Hinweise** geben zusätzliche Hilfen zum Verständnis und zur Bearbeitung der Aufgabe.

Die **Lösungsschritte** zeigen, wie Sie in einer sinnvollen Reihenfolge den Weg zur richtigen Lösung planen und umsetzen können.

In der **Stichpunktlösung** sind die wichtigsten Lösungsaspekte zusammengestellt. Vergleichen Sie Ihre eigene Lösung mit der Stichpunktlösung und analysieren Sie auf dieser Basis Ihre Stärken und Schwächen. Zu einigen Aufgaben finden Sie **ausführliche Lösungen**, die Ihnen als Beispiel dienen sollen.

Auf vielfachen Wunsch der Nutzer bieten wir im **Anhang** jeweils einen Überblick über die Literaturepochen und Textgattungen zum Nachschlagen.

Am Ende des Bandes finden Sie die **Originalprüfung** aus dem Jahr 2012. So haben Sie die Möglichkeit, eine reale Prüfungssituation zu simulieren.

Bei der Vorbereitung auf das Abitur und für die Abiturprüfung selbst wünschen wir Ihnen viel Erfolg!

Hinweise zu den Prüfungsbestimmungen

Wie läuft die Prüfung ab?

Seit 2007 werden die Aufgaben der schriftlichen Prüfungsfächer (Grund- und Leistungskurse) vom Kultusministerium des Landes Hessen für alle Schulen verbindlich verfasst und vorgelegt. Die zentral gestellten Aufgaben für die schriftlichen Prüfungen werden auf der Grundlage der verbindlichen Inhalte der Kurse, wie sie der jeweilige Lehrplan für die gymnasiale Oberstufe vorsieht, von einer Fachkommission erstellt. Die Fachlehrer kennen die Aufgaben vor dem Prüfungstag ebenso wenig wie die Abiturienten.

Die Prüfungstage und die Prüfungszeit werden vom Hessischen Kultusministerium festgelegt und können unter www.kultusministerium-hessen.de nachgelesen werden.

Vor Beginn der eigentlichen Prüfungszeit bekommen Sie die zur Auswahl stehenden Vorschläge ausgehändigt und haben dann 45 Minuten Zeit, diese zu lesen und einen Vorschlag auszuwählen. Spätestens zu Beginn der eigentlichen Prüfungszeit (9:00 Uhr) geben Sie die nicht ausgewählten Vorschläge bei der Aufsicht ab und können mit der Arbeit beginnen. Die eigentliche Bearbeitungszeit beträgt beim Grundkurs drei Zeitstunden. Somit endet die Prüfung um 12:00 Uhr. Im Leistungskurs beträgt die Bearbeitungszeit vier Zeitstunden; die Prüfung endet um 13.00 Uhr.

Während dieser Zeit dürfen Sie nicht mit anderen Abiturienten oder mit anderen Personen als der Aufsicht sprechen. Sie dürfen den Raum nur einzeln verlassen und müssen sich bei der Aufsicht abmelden, wenn Sie die Toilette aufsuchen. Die Aufsicht vermerkt im Protokoll, wer wann abwesend war. Wenn ein Schüler den Raum verlassen hat, darf kein weiterer aus dem Raum gehen, ohne zuvor die Klausur abgegeben zu haben.

Alle erlaubten Hilfsmittel sind auf den Klausurbögen schriftlich vermerkt. In der Regel stehen Ihnen ein Wörterbuch der deutschen Rechtschreibung, Textausgaben der Pflichtlektüren ohne Kommentar, evtl. mit Worterläuterungen, und eine Liste der fachspezifischen Operatoren zur Verfügung.

Alle Blätter, auch Schmierpapiere, die bei der Bearbeitung verwendet wurden, müssen am Ende der Prüfung abgegeben werden.

Selbstverständlich dürfen und sollen Sie eine Armbanduhr benutzen, um die Bearbeitungszeit im Blick zu behalten. Denken Sie aber daran, dass Sie nicht auf die Uhr Ihres Mobiltelefons zurückgreifen dürfen, da die Benutzung von Mobiltelefonen nicht gestattet ist.

Welche Themen werden geprüft?

Grundlage für die schriftlichen Prüfungen sind die verpflichtend zu behandelnden Inhalte des Lehrplans für die Halbjahre 12/1, 12/2, 13/1. Die mündlichen Prüfungen können sich auch auf das Halbjahr 13/2 beziehen. Für alle vier Halbjahre werden vom Kultusministerium Schwerpunkte in den Bereichen „Mündliche und schriftliche Kommunikation", „Umgang mit Texten" sowie „Reflexion über Sprache" festgelegt. Im Arbeitsbereich „Umgang mit Texten" werden verbindliche Lektüren vorgegeben. Für das Landesabitur 2013 sind diese im Grundkurs Deutsch: Georg Büchner: *Woyzeck*, Johann Wolfgang von Goethe: *Faust I*, Heinrich von Kleist: *Prinz Friedrich von Homburg*, Theodor Fontane: *Irrungen, Wirrungen*, Christoph Hein: *In seiner frühen Kindheit ein Garten*, Franz Kafka: *Das Urteil* sowie die Lyrik zum Menschenbild der Klassik, die Lyrik der Romantik und die des Expressionismus.

HINWEISE ZU DEN PRÜFUNGSBESTIMMUNGEN

Für den Leistungskurs Deutsch sind die Pflichtlektüren: Georg Büchner: *Woyzeck*, Johann Wolfgang von Goethe: *Faust I*, Friedrich Schiller: *Die Jungfrau von Orleans*, Heinrich von Kleist: *Die Marquise von O*, Hugo von Hofmannsthal: *Brief des Lord Chandos*, Theodor Fontane: *Irrungen, Wirrungen*, Franz Kafka: *Das Urteil*, Christa Wolf: *Medea. Stimmen*, die Lyrik zum Menschenbild der Klassik, die Lyrik der Romantik und die des Expressionismus.

Zusätzlich wird im Leistungskurs erwartet, dass Sie bis zum Abitur zu Hause eigenständig Thomas Mann: *Mario und der Zauberer* und Patrick Süskind: *Das Parfüm* gelesen haben.

In Bezug auf das Thema „Reflexion über Sprache" werden im Grund- und Leistungskurs Grundkenntnisse im Bereich „Grundkategorien der Redeanalyse" erwartet.

Welche Aufgabenarten gibt es?

Es gibt verschiedene Aufgabentypen, die jeweils auf unterschiedliche Arten von Texten bezogen sind. Grundlegende Aufgabentypen sind Textinterpretation, Textanalyse und literarische Erörterung. Darüber hinaus gibt es gestaltende Interpretationsaufgaben, welche z.B. das Verfassen eines inneren Monologs oder eines Briefes einer Romanfigur verlangen bzw. die Entwicklung eines alternativen Endes der Geschichte. Die Vorschläge können Alternativaufgaben enthalten, aus denen ausgewählt werden muss.

Was sind Operatoren und Anforderungsbereiche?

Grundsätzlich unterscheidet man drei Anforderungsbereiche, die in einer Klausur abgedeckt sein müssen. Die Selbstständigkeit der zu erbringenden Leistungen steigt mit den Ziffern der Anforderungsbereiche (AFB): AFB I: Reproduktion, AFB II: Anwendung, AFB III: Transfer. Der Schwerpunkt der Arbeit liegt auf AFB II.

Die verschiedenen Aufgabenarten, die in den Prüfungen vorkommen, definieren sich v. a. durch die Operatoren, d. h. die Verben, welche die Tätigkeit benennen, die Sie bei der Bearbeitung der Aufgabe ausführen sollen. Die Operatoren können den verschiedenen Anforderungsbereichen zugeordnet werden.

Anforderungsbereich I	Anforderungsbereich II	Anforderungsbereich III
beschreiben: einen Sachverhalt unter Zuhilfenahme des Vorwissens darstellen, ausführen	**analysieren (ggf. in Bezug auf):** unter gezielten Fragestellungen sprachliche, inhaltliche und/oder strukturelle Merkmale eines Textes systematisch erschließen und im Zusammenhang darstellen	**beurteilen:** zu einem Sachverhalt bzw. Problem und unter Bezug auf eine Wertordnung angemessen und selbstständig Stellung nehmen

Anforderungsbereich I	Anforderungsbereich II	Anforderungsbereich III
einordnen/zuordnen: begründet in einen (literar-)historischen, literarischen oder thematischen Zusammenhang stellen	**begründen:** einen Sachverhalt/eine Aussage durch nachvollziehbare (Text-)Argumente stützen	**erörtern/diskutieren:** eigene Gedanken zu einer Problemstellung entwickeln und ein abgewogenes Urteil fällen. Hierbei sind unterschiedliche Standpunkte auszuführen und zu begründen.
thesenartig zusammenfassen: den Text auf zentrale Textaussagen reduzieren (vollständige Sätze)	**charakterisieren:** eine Person oder Sache in ihrer Eigenheit darstellen, treffend und anschaulich schildern bzw. kennzeichnen	**reflektieren:** Behauptungen im Zusammenhang prüfen und anhand eigenständig gewählter Kriterien eine Aussage über Richtigkeit, Wahrscheinlichkeit, Angemessenheit in einer längeren Argumentationsreihe entwickeln
wiedergeben/paraphrasieren: Informationen aus dem vorliegenden Material in eigenen Worten angeben	**entwerfen/skizzieren:** eine kreative Idee in Umrissen gestalten	**überprüfen:** Hypothesen, Vermutungen, Inhalte anhand von Fakten oder einer Logik messen und eventuelle Widersprüche aufzeigen und zu einem eigenen Urteil führen
zusammenfassen: ausgehend von einem Einleitungssatz den Text kürzen und dabei auswählend gewichten	**erläutern:** einen Sachverhalt, eine These, ggf. mit zusätzlichen Informationen (Beispiele, Belege, Begründungen), nachvollziehbar verdeutlichen	
	gestalten: auf der Grundlage eines Textes und seiner inhaltlichen oder stilistischen Gegebenheiten eine kreative Idee in ein selbstständiges literarisches Produkt umsetzen	

Anforderungsbereich I	Anforderungsbereich II	Anforderungsbereich III
	interpretieren: auf der Basis methodisch reflektierten und sachangemessenen Auswertens von textimmanenten und ggf. textexternen Elementen und Strukturen die Gesamtdeutung eines Textes bzw. Textteils selbstständig erarbeiten und ein komplexes Textverständnis nachvollziehbar darbieten	
	vergleichen: nach vorgegebenen oder selbst gewählten Gesichtspunkten Gemeinsamkeiten, Ähnlichkeiten und Unterschiede ermitteln und darstellen	

Einige Operatoren können zwei Anforderungsbereichen zugeordnet werden. Dies gilt für: einordnen/zuordnen (AFB I/II), entwerfen (AFB II/III), gestalten (AFB II/III), interpretieren (AFB II/III).

Wie gehen Sie am besten an die Aufgaben heran?

Am besten lesen Sie zuerst alle Aufgaben und dann alle Texte einmal gründlich durch. Überlegen Sie, was die verschiedenen Aufgabenstellungen von Ihnen verlangen und wie Sie die Aufgaben bearbeiten müssen.

Falls Sie in der Prüfung sehr aufgeregt sind, sollten Sie versuchen, sich ganz entspannt hinzusetzen und ruhig zu atmen. Damit kann man sich selbst wieder etwas beruhigen. Entscheiden Sie dann unter Berücksichtigung der Aufgabenstellungen und der Texte, welchen der Vorschläge – A, B oder C – Sie bearbeiten möchten. Grundsätzlich sollten Sie überlegen, zu welcher Aufgabe Ihnen am meisten einfällt. Allerdings muss natürlich auch eine Rolle spielen, welche der Aufgaben Sie in der zur Verfügung stehenden Zeit sinnvoll bearbeiten können.

Wenn Sie sich für einen Vorschlag entschieden haben, können Sie mit der Arbeit beginnen. Lesen Sie dazu noch einmal die Aufgabenstellungen und den Text gründlich durch. Machen Sie sich am besten schon beim Lesen stichwortartig Notizen am Textrand oder auf einem extra Blatt.

Legen Sie für sich fest, wie viel Zeit Ihnen zur Bearbeitung der einzelnen Aufgaben maximal zur Verfügung steht. Planen Sie mehr Zeit ein für solche Aufgaben, mit denen sich höhere Bewertungseinheiten (BE) erzielen lassen.

Bevor Sie beginnen, die Lösung zu schreiben, sollten Sie sich Gedanken zu Texteinstieg, Inhalt und Argumentationsstruktur machen. Es ist sinnvoll, stichpunktartige Notizen oder auch – je nach Aufgabenstellung – eine tabellarische Übersicht anzulegen, sodass

Sie sich beim Ausformulieren der Sätze ganz auf die sprachliche Gestaltung konzentrieren können.
Am Ende sollten Sie genug Zeit haben, um alles noch einmal durchzulesen und darauf achten zu können, ob Satzbau, Orthografie und Zeichensetzung korrekt sind.

Wie wird die Abiturarbeit bewertet?

Alle Abiturarbeiten müssen von zwei unterschiedlichen Lehrkräften auf der Grundlage der zentral vergebenen Erwartungshorizonte und der OAVO (Oberstufen- und Abiturverordnung) sowie der EPA (einheitliche Prüfungsanforderungen) korrigiert und beurteilt werden. Die Richtlinien zur Korrektur formaler Fehler finden Sie in der Anlage 9 e der OAVO im Internet unter www.kultusministerium-hessen.de. Auf den Klausurbögen wird jeweils angegeben, wie viele BE pro Aufgabe zu erreichen sind. In der Regel ergibt die Summe der erreichbaren BE 100. Die Summe der von Ihnen erreichten Punktzahl wird nach einer durch die Kultusministerkonferenz (KMK) festgelegten Tabelle in KMK-Punkte umgerechnet:

Prozentualer Anteil an Gesamtpunktzahl	KMK-Punkte	Prozentualer Anteil an Gesamtpunktzahl	KMK-Punkte
ab 96 %	15 Punkte	ab 56 %	7 Punkte
ab 91 %	14 Punkte	ab 51 %	6 Punkte
ab 86 %	13 Punkte	ab 46 %	5 Punkte
ab 81 %	12 Punkte	ab 41 %	4 Punkte
ab 76 %	11 Punkte	ab 34 %	3 Punkte
ab 71 %	10 Punkte	ab 27 %	2 Punkte
ab 66 %	9 Punkte	ab 20 %	1 Punkte
ab 61 %	8 Punkte	< 20 %	0 Punkte

Es werden angestrichen und einfach gewichtet: Rechtschreibfehler, Zeichensetzungsfehler, Grammatikfehler, Ausdrucksfehler. Flüchtigkeitsfehler werden markiert, aber nicht gewertet. Dann wird mittels Fehlerindex (Fehler x 100 : Wortzahl) ein Punktabzug vorgenommen.
Ab Fehlerindex 2: 1 Notenpunkt Abzug
Ab Fehlerindex 4: 2 Notenpunkte Abzug
Ab Fehlerindex 6: 3 Notenpunkte Abzug
Ab Fehlerindex 8: 4 Notenpunkte Abzug
In der Gesamtwertung des Abiturs werden die Leistungen der Abiturprüfungen vierfach gewertet. Wird die Abiturprüfung in einem der Prüfungsfächer mit 0 Punkten abgeschlossen, gilt die Prüfung als „nicht bestanden".

Gibt es eine mündliche Abiturprüfung?

Grundsätzlich kann man sich auf eigenen Wunsch in jedem Fach der schriftlichen Prüfung zusätzlich mündlich prüfen lassen oder muss dies aufgrund eines Beschlusses des Prüfungsausschusses tun. Der Beschluss muss begründet und in einem Protokoll festgehalten sein. Nur wenn das Abitur auch mit bestmöglichem Ergebnis in der mündlichen Prüfung nicht mehr zu bestehen ist, wird keine mündliche Prüfung mehr durchgeführt.

Bei einer mündlichen Prüfung bekommen Sie eine Aufgabenstellung, die sich auf mindestens zwei Halbjahre der Qualifikationsphase (12/1–13/2) bezieht. Sie können sich auf diese Aufgabenstellung mindestens 20 Minuten lang in einem gesonderten Raum unter Aufsicht vorbereiten. Es stehen Ihnen dabei die auf dem Aufgabenblatt angegebenen Hilfsmittel (in der Regel die entsprechenden Textvorlagen) zur Verfügung. Sie dürfen sich in dieser Vorbereitungszeit Notizen machen und diese in die Prüfung mitnehmen.

Die Prüfung selbst dauert normalerweise ebenfalls ca. 20 Minuten. Während dieser ganzen Zeit wird Protokoll geführt. Sie können zunächst eigenständig in einem kleinen Vortrag auf die Aufgaben antworten. Anschließend haben alle Mitglieder des Fachausschusses (Prüfer, Prüfungsvorsitzender und Protokollant) die Möglichkeit, Fragen zum Thema zu stellen. Eventuell wird auch schon während des eigenständigen Vortrags nachgefragt. Wenn ein Abiturient eine Lösung nicht weiß, kann der Prüfer helfend eingreifen, damit weitere Prüfungsteile erfolgreich bearbeitet werden. Die Eigenständigkeit beim Finden der Lösungen ist allerdings eines der Beurteilungskriterien der mündlichen Prüfung, neben der Qualität der Lösungsansätze.

Wenn Sie eine schriftliche und eine mündliche Prüfung im gleichen Fach gemacht haben, so zählt im Endergebnis die schriftliche Prüfung doppelt, die mündliche einfach: $P = (2s + m)\frac{4}{3}$.

Die mündliche Abiturprüfung ist nicht Gegenstand dieses Buches; für nähere Informationen wenden Sie sich an den Fachlehrer oder die Oberstufenberater.

UMGANG MIT TEXTEN (EPIK/DRAMATIK)

Trainingsaufgabe 1

Aufgabenart	Textinterpretation; Erörterung
Material	Franz Kafka: *Ein altes Blatt* (1917) Vergleichswerk: Georg Büchner: *Woyzeck* (1879)
Textsorte	Erzählung; Drama
Thema	Gewalt und Ohnmacht; 20. Jahrhundert; Vormärz
Niveau	Grundkurs

Aufgaben

1. Interpretieren Sie Franz Kafkas Erzählung *Ein altes Blatt*, indem Sie neben der inhaltlichen und sprachlichen Gestaltung auch den Aufbau der Erzählung berücksichtigen.

2. Vergleichen Sie, wie die Erscheinungsformen von Gewalt und Ohnmacht in Kafkas Erzählung *Ein altes Blatt* und in Büchners Dramenfragment *Woyzeck* das Handeln der Personen bestimmen.

3. Diskutieren Sie auf der Grundlage Ihrer Ergebnisse aus Aufgabe 2, welcher der beiden Autoren „Gewalt und Ohnmacht" hinsichtlich heutiger Lebenserfahrung überzeugender thematisiert. Beziehen Sie dabei auch Beispiele aus Ihrer eigenen Lebenswelt und Erfahrung mit ein.

Material

Franz Kafka (1883–1924)
Ein altes Blatt (1917)

Es ist, als wäre viel vernachlässigt worden in der Verteidigung unseres Vaterlandes. Wir haben uns bisher nicht darum gekümmert und sind unserer Arbeit nachgegangen; die Ereignisse der letzten Zeit machen uns aber Sorgen.
Ich habe eine Schusterwerkstatt auf dem Platz vor dem kaiserlichen Palast. Kaum öff-
5 ne ich in der Morgendämmerung meinen Laden, sehe ich schon die Eingänge aller hier einlaufenden Gassen von Bewaffneten besetzt. Es sind aber nicht unsere Soldaten, sondern offenbar Nomaden aus dem Norden. Auf eine mir unbegreifliche Weise sind sie bis in die Hauptstadt gedrungen, die doch sehr weit von der Grenze entfernt ist. Jedenfalls sind sie also da; es scheint, daß jeden Morgen mehr werden.
10 Ihrer Natur entsprechend lagern sie unter freiem Himmel, denn Wohnhäuser verabscheuen sie. Sie beschäftigen sich mit dem Schärfen der Schwerter, dem Zuspitzen der Pfeile, mit Übungen zu Pferde. Aus diesem stillen, immer ängstlich rein gehaltenen Platz haben sie einen wahren Stall gemacht. Wir versuchen zwar manchmal aus unseren Geschäften hervorzulaufen und wenigstens den ärgsten Unrat wegzuschaffen, aber
15 es geschieht immer seltener, denn die Anstrengung ist nutzlos und bringt uns überdies

in die Gefahr, unter die wilden Pferde zu kommen oder von den Peitschen verletzt zu werden.

Sprechen kann man mit den Nomaden nicht. Unsere Sprache kennen sie nicht, ja sie haben kaum eine eigene. Unter einander verständigen sie sich ähnlich wie Dohlen. Immer wieder hört man diesen Schrei der Dohlen. Unsere Lebensweise, unsere Einrichtungen sind ihnen ebenso unbegreiflich wie gleichgültig. Infolgedessen zeigen sie sich auch gegen jede Zeichensprache ablehnend. Du magst dir die Kiefer verrenken und die Hände aus den Gelenken winden, sie haben dich doch nicht verstanden und werden dich nie verstehen. Oft machen sie Grimassen; dann dreht sich das Weiß ihrer Augen und Schaum schwillt aus ihrem Munde, doch wollen sie damit weder etwas sagen noch auch erschrecken; sie tun es, weil es so ihre Art ist. Was sie brauchen, nehmen sie. Man kann nicht sagen, daß sie Gewalt anwenden. Vor ihrem Zugriff tritt man beiseite und überläßt ihnen alles.

Auch von meinen Vorräten haben sie manches gute Stück genommen. Ich kann aber darüber nicht klagen, wenn ich zum Beispiel zusehe, wie es dem Fleischer gegenüber geht. Kaum bringt er seine Waren ein, ist ihm schon alles entrissen und wird von den Nomaden verschlungen. Auch ihre Pferde fressen Fleisch; oft liegt ein Reiter neben seinem Pferd und beide nähren sich vom gleichen Fleischstück, jeder an einem Ende. Der Fleischhauer ist ängstlich und wagt es nicht, mit den Fleischlieferungen aufzuhören. Wir verstehen das aber, schießen Geld zusammen und unterstützen ihn. Bekämen die Nomaden kein Fleisch, wer weiß, was ihnen zu tun einfiele; wer weiß allerdings, was ihnen einfallen wird, selbst wenn sie täglich Fleisch bekommen.

Letzthin dachte der Fleischer, er könne sich wenigstens die Mühe des Schlachtens sparen, und brachte am Morgen einen lebendigen Ochsen. Das darf er nicht mehr wiederholen. Ich lag wohl eine Stunde ganz hinten in meiner Werkstatt platt auf dem Boden und alle meine Kleider, Decken und Polster hatte ich über mir aufgehäuft, nur um das Gebrüll des Ochsen nicht zu hören, den von allen Seiten die Nomaden ansprangen, um mit den Zähnen Stücke aus seinem warmen Fleisch zu reißen. Schon lange war es still, ehe ich mich auszugehen getraute; wie Trinker um ein Weinfaß lagen sie müde um die Reste des Ochsen.

Gerade damals glaubte ich den Kaiser selbst in einem Fenster des Palastes gesehen zu haben; niemals sonst kommt er in diese äußeren Gemächer, immer nur lebt er in dem innersten Garten; diesmal aber stand er, so schien es mir wenigstens, an einem der Fenster und blickte mit gesenktem Kopf auf das Treiben vor seinem Schloß.

„Wie wird es werden?" fragen wir uns alle. „Wie lange werden wir diese Last und Qual ertragen? Der kaiserliche Palast hat die Nomaden angelockt, versteht es aber nicht, sie wieder zu vertreiben. Das Tor bleibt verschlossen; die Wache, früher immer festlich ein- und ausmarschierend, hält sich hinter vergitterten Fenstern. Uns Handwerkern und Geschäftsleuten ist die Rettung des Vaterlandes anvertraut; wir sind aber einer solchen Aufgabe nicht gewachsen; haben uns doch auch nie gerühmt, dessen fähig zu sein. Ein Mißverständnis ist es, und wir gehen daran zugrunde."

Franz Kafka: Erzählungen, Stuttgart 1995, S. 175–177 (Die Rechtschreibung entspricht der Textvorlage.)

UMGANG MIT TEXTEN (EPIK/DRAMATIK)

Lösungsvorschlag

Aufgabe 1

Interpretieren Sie Franz Kafkas Erzählung *Ein altes Blatt*, indem Sie neben der inhaltlichen und sprachlichen Gestaltung auch den Aufbau der Erzählung berücksichtigen.

HINWEIS   Bei der Interpretation einer Erzählung geht es darum, den Inhalt und die sprachlich-stilistische Gestaltungsform des Textes zu untersuchen und auszulegen, zu erklären, zu deuten. Eine solche Deutung hat viele subjektive Elemente, sodass verschiedene Leser zu unterschiedlichen Ergebnissen kommen können. Wichtig ist, dass die eigene Sichtweise am Text belegt ist und dass die verschiedenen Untersuchungsmethoden für epische Texte (im Hinblick auf Erzählperspektive, Zeitgestaltung, Tempusformen, Charakterdarstellung, Atmosphäre etc.) berücksichtigt werden. In dieser Aufgabe soll zudem ein besonderes Augenmerk auf die Struktur der Erzählung gelegt werden. Das bedeutet, dass Sie untersuchen sollen, wo Sinnabschnitte und/oder formale Einschnitte zu finden sind, wie die Spannungskurve verläuft, wie Anfang und Ende gestaltet sind.

Lösungsschritte

1. Lesen Sie die Erzählung zweimal gründlich durch.
2. Lesen Sie auch die Aufgabenstellung genau und vergegenwärtigen Sie sich, was von Ihnen verlangt wird.
3. Teilen Sie die Erzählung in Abschnitte ein.
4. Finden Sie Titel für die Abschnitte und notieren Sie diese am Rand oder auf einem extra Blatt.
5. Suchen Sie einen Höhe- oder Wendepunkt in der Erzählung; überlegen Sie, wie Anfang und Ende gestaltet sind.
6. Halten Sie die Ereignisse stichwortartig fest.
7. Markieren Sie im Text sprachliche Besonderheiten und benennen Sie diese am Rand.
8. Stellen Sie eine Deutungshypothese auf und überprüfen Sie, ob Inhalt, Aufbau und sprachlich-stilistische Form der These entsprechen.
9. Formulieren Sie einen zusammenhängenden Text mit Einleitungssatz und Deutungshypothese sowie Inhaltswiedergabe und anschließender Deutung. Berücksichtigen Sie dabei die sprachliche Form und den Aufbau und belegen Sie dies durch Textbeispiele und Zeilenverweise.
10. Schreiben Sie ein Resümee mit Bezug zur anfänglichen Deutungshypothese.
11. Überarbeiten Sie den fertigen Text im Hinblick auf sprachliche Formulierungen und Verständlichkeit sowie auf Rechtschreibung und Zeichensetzung.

Stichpunktlösung

- Einleitungssatz: Die vorliegende Erzählung von Franz Kafka *Ein altes Blatt* (1917) handelt von einem Kaiserreich, dessen Zivilisation durch die Belagerung von Nomaden bedroht ist.

Aufbau und Inhalt

- Die friedliebende Bevölkerung ist nicht in der Lage, sich dem schleichenden Übergriff durch eine zügel- und regellose Außenwelt (repräsentiert durch die „Nomaden aus dem Norden", Z. 7) zu widersetzen.
- Präsentation der Situation aus der Innensicht eines betroffenen Bürgers (Schuster)
- Gliederung in drei Hauptteile
- **Kurze Einleitung** (Z. 1–3): Einführung in das Thema; Darstellung der Lage des Landes
- **Hauptteil** (Z. 4–49): Schilderung des Ist-Zustandes (Belagerungszustand) und Kontrastierung der Gewohnheiten von Nomaden und ursprünglichen Stadtbewohnern
- Wesentliche Unterschiede zwischen beiden Bevölkerungsgruppen:
    - *Stadtbewohner:* leben friedlich miteinander; jeder hat einen Beruf; sprechen die gleiche Sprache; halten sich an bestimmte Regeln; halten Ordnung im öffentlichen Raum; legen Vorräte an; sind solidarisch untereinander; haben bestimmte Essrituale; Kaiser lebt zurückgezogen
    - *Nomaden:* fallen in die Stadt ein; halten sich nicht an erkennbare Regeln; verständigen sich durch seltsame Laute; sprechen nicht die Sprache der Stadtbewohner; halten keine Ordnung; wirken auf die Stadtbewohner gefährlich, ohne physische Gewalt anzuwenden; zeigen keine Solidarität mit den Stadtbewohnern; ernähren sich auf deren Kosten; haben keine erkennbaren Tischmanieren; essen auch rohes Fleisch von lebendigen Tieren
- Angst und Ohnmacht der Stadtbewohner; Passivität des Kaisers
- Höhepunkt der Barbarei: Verspeisung eines lebendigen Ochsen (vgl. Z. 39–45)
- **Schluss** (Z. 50–56): Frage nach der Zukunftsperspektive
- Einen Wendepunkt gibt es nicht, die Stadt ist bis zum Schluss von den Nomaden belagert. Es wird zwar angedeutet, dass der Kaiser ans Fenster treten und ein Machtwort sprechen könnte (Z. 46 ff.), um eine Wende herbeizuführen, doch er tut es nicht, er „versteht es […] nicht, sie wieder zu vertreiben" (Z. 51 f.).
- Die Handwerker und Geschäftsleute erkennen, dass der Kaiser passiv bleiben wird und dass es an ihnen ist, die Rettung der Stadt zu übernehmen. Sie fühlen sich dazu allerdings nicht in der Lage und befürchten zu scheitern.

Interpretation

- Keine klare historische Einordnung: Zeitlosigkeit der Erzählung
- Titel deutet auf eine historische Quelle hin.
- Keine klare geografische Verortung: Hauptstadt (Z. 8) eines Kaiserreichs (Z. 4); Eindringlinge (Nomaden) „aus dem Norden" (Z. 7)
- Universalität der Handlung: Es geht weniger um den Konflikt zwischen bestimmten Kulturen als vielmehr grundsätzlich um die Frage der Stabilität einer Werteordnung gegenüber Angriffen von außen.
- Schrecken verbreiten die Nomaden nicht durch die Ausübung physischer Gewalt („Man kann nicht sagen, daß sie Gewalt anwenden", Z. 26), sondern durch barbarische Missachtung der Ordnung in der Stadt („lagern […] unter freiem Himmel", Z. 10; aus dem Platz vor dem kaiserlichen Palast „haben sie einen wahren Stall gemacht", Z. 13; häufen „den ärgsten Unrat" an, Z. 14).
- Ihre Beschäftigungen deuten an, dass sie sich auf eine kriegerische Auseinandersetzung zumindest vorbereiten („dem Schärfen der Schwerter, dem Zuspitzen der Pfeile, mit Übungen zu Pferde", Z. 11).

- Diese Signale der Gewaltbereitschaft bringen die Stadtbewohner dazu, aus Angst alles zu tun, was die Nomaden von ihnen verlangen, ohne eine Gegenleistung zu fordern (Z. 27 ff.).
- Erzählerkommentare: Situation macht dem Erzähler Angst. Es ist ihm nicht klar, wie es zu der Situation kommen konnte („Auf eine mir unbegreifliche Weise", Z. 7); er hat den Eindruck, dass die Lage immer bedrohlicher wird, da „es scheint, daß [es] jeden Morgen mehr werden" (Z. 9). Er sieht die Nomaden als „Gefahr" (Z. 16), „Last und Qual" (Z. 50) für die Stadtbewohner und vergleicht ihr Verhalten mit dem von Tieren (Z. 19 f., Z. 32 f., Z. 42 ff.). Bisweilen ähneln sie auch tollwütigen Tieren („dann dreht sich das Weiß ihrer Augen und Schaum schwillt aus ihrem Munde", Z. 24 f.).
- Am Ende steht der Wunsch, die Nomaden „wieder zu vertreiben" (Z. 51 f.). Da der Ich-Erzähler sowohl den Kaiser als auch die Bürger der Stadt für unfähig hält, diesen Wunsch umzusetzen, sieht er die Gefahr, dass sie „zugrunde" gehen (Z. 56).
- Ursache für den möglichen Untergang: Der Ich-Erzähler sieht die Ursache nicht in den Nomaden selbst, sondern in einem „Mißverständnis" (Z. 56), einem Kommunikationsproblem zwischen „Handwerkern und Geschäftsleuten" (Z. 53 f.) und dem „Kaiser" (Z. 51). Aus Sicht des Ich-Erzählers weist Letzterer den Erstgenannten die Verantwortung für die „Rettung des Vaterlandes" (Z. 54) zu und erkennt nicht, dass diese dazu nicht in der Lage sind.
- Wunsch des Ich-Erzählers nach einem starken Kaiser, der sein Volk schützt vor Barbarei und Sittenverfall und sich nicht nur „in dem innersten Garten" (Z. 47 f.) seines Palastes versteckt, sondern sich der Herausforderung stellt und die Leitungsaufgabe annimmt.
- Man könnte die Erzählung als Wunsch nach einer absolutistischen Staatsherrschaft missverstehen.
- Der Erzähler ist jedoch nicht verlässlich. Er selbst ist einer der Bürger, von denen er sagt, sie seien der „Aufgabe nicht gewachsen" (Z. 54 f.), das Vaterland zu retten.
- Er tut ebenfalls nichts gegen die Besatzung durch die Nomaden, sondern versteckt sich: „Ich lag wohl eine Stunde ganz hinten in meiner Werkstatt platt auf dem Boden und alle meine Kleider, Decken und Polster hatte ich über mir aufgehäuft" (Z. 40 ff.).
- In diesem wenig wehrhaften Verhalten der Bürger, die zwar irgendwie versuchen, die äußere Ordnung zu wahren (Z. 13 ff.), aber keinerlei Anstrengung unternehmen, die Nomaden zu vertreiben, liegt eine Kritik der Erzählung.
- Die Erzählung kann jedoch durchaus auch als Kritik am Staat (= untätiger Kaiser) gelesen werden.
- Kindlich-passives Verhalten der Bürger: Obwohl die Stadtbewohner erkennen, dass der Kaiser nichts tut (Z. 46 ff.) und nur sich selbst und seine Wachen schützt (Z. 52 ff.), setzen sie dem nichts entgegen, sondern gehen lieber zugrunde (Z. 56).
- Der Einzelne verhält sich in dieser Geschichte, wie in vielen Erzählungen Kafkas, passiv; er scheint der Macht der bedrohlich eindringenden Außenwelt schutzlos ausgeliefert zu sein.

Sprachlich-stilistische Gestaltung
- Vorsichtige, untertänige Formulierung der Staatskritik durch den Ich-Erzähler, z. B. durch Verwendung des Konjunktivs („Es ist, als wäre viel vernachlässigt worden", Z. 1)

- Der Einzelne versteckt sich hinter dem Kollektiv („fragen wir uns alle", Z. 50).
- Kritik am Kaiser wird mit einer Metonymie verdeckt („Der kaiserliche Palast hat die Nomaden angelockt", Z. 51).
- Kritik an den Nomaden wird auch mit viel unterwürfigem Verständnis für deren Eigenarten formuliert („Ihrer Natur entsprechend", Z. 10).
- Die Nomaden hingegen geben sich keine Mühe, sich mit den Stadtbewohnern zu verständigen; weder auf verbale Kommunikation lassen sie sich ein (Z. 18) noch auf die nonverbalen Signale der „Zeichensprache" (Z. 22).
- Gegenüber diesem sehr braven, fast schon devoten Verhalten der Stadtbürger, das sich in Sprache und Verhalten ausdrückt, wirken die Nomaden wie eine Art dionysisch-teuflische Übermacht.
- Die ängstlichen Stadtbürger (z. B. der Fleischhauer, Z. 34) sind hilflos, wenn sie Menschen begegnen, deren Handlungsmaxime nicht auf Konsens ausgerichtet ist.
- Solche „Untertanen" sind in der Tat auf einen starken „Kaiser" angewiesen, der sie vor den Bedrohungen von außen schützt, weil sie selbst nicht wehrhaft sind.

Aufgabe 2

Vergleichen Sie, wie die Erscheinungsformen von Gewalt und Ohnmacht in Kafkas Erzählung *Ein altes Blatt* und in Büchners Dramenfragment *Woyzeck* das Handeln der Personen bestimmen.

HINWEIS In dieser Aufgabe sollten Sie versuchen, auf der Grundlage der in Aufgabe 1 erarbeiteten Interpretation die Erscheinungsformen von Gewalt und Ohnmacht in der Erzählung Kafkas mit denen in Georg Büchners Drama *Woyzeck* (am Beispiel des Hauptmanns, des Doktors, des Tambourmajors, Woyzecks) zu vergleichen. Dazu sollen Sie Gemeinsamkeiten und Unterschiede des Motivs in beiden Texten herausarbeiten. Sie können erst kurz etwas zu den Motiven in *Woyzeck* schreiben und diese dann mit ihren Entsprechungen in der Erzählung Kafkas vergleichen oder beide Arbeitsschritte miteinander verschränken. Es reicht aber nicht, wenn Sie die Erscheinungsformen von Gewalt und Ohnmacht zunächst im ersten, dann im zweiten Text lediglich darstellen. Sie sollen sie direkt miteinander vergleichen und aus den daraus erwachsenden Erkenntnissen am Schluss ein Resümee ziehen.

Im vorliegenden Lösungsvorschlag wurden zum Beleg zahlreiche Zitate aus *Woyzeck* verwendet. Bei Ihrer eigenen Lösung sollten Sie jeweils auf die Seiten und Zeilen der Ihnen vorliegenden Textausgabe verweisen. Zur Orientierung wurde hier nur auf die Szenen verwiesen.

Lösungsschritte

1. Lesen Sie die Aufgabenstellung gründlich und überlegen Sie, welche unterschiedlichen Aspekte die Aufgabe beinhaltet.
2. Fertigen Sie eine Tabelle an mit Spalte 1 „Ein altes Blatt", Spalte 2 „Woyzeck", Zeile „Gewalt" und Zeile „Ohnmacht".
3. Füllen Sie die Spalte 1 stichwortartig aus, greifen Sie dazu auf die Notizen zur Aufgabe 1 zurück.
4. Füllen Sie die Spalte 2 zunächst aus dem Gedächtnis ebenfalls in Stichworten aus; suchen Sie dann geeignete Textstellen heraus und notieren Sie diese. Ergänzen Sie dabei eventuell auch Ihre Stichwortsammlung noch.

5. Machen Sie sich Notizen zu den Ähnlichkeiten und Unterschieden der beiden Texte im Hinblick auf die Thematik.
6. Formulieren Sie aus Ihren Stichwörtern einen zusammenhängenden Text mit Einleitung, Hauptteil und einer gut begründeten Schlussfolgerung; arbeiten Sie dabei die Tabelle spalten- oder zeilenweise ab.
7. Überarbeiten Sie Ihren fertigen Text im Hinblick auf sprachlichen Ausdruck, Verständlichkeit und Rechtschreibung.

Stichpunktlösung

- Einleitungssatz: Beim Vergleich der Erscheinungsformen von Gewalt und Ohnmacht in Georg Büchners Dramenfragment *Woyzeck* (1836/37) mit denen in Franz Kafkas Erzählung *Ein altes Blatt* (1917) zeigen sich trotz der historischen Distanz und der unterschiedlichen Gattungen erstaunlich viele Gemeinsamkeiten.

Vergleich

- Die Figur des Woyzeck ähnelt dem Ich-Erzähler aus Kafkas Erzählung insofern, als er das ohnmächtige Individuum in einer von Gewalt beherrschten Zivilisation repräsentiert. Anders aber als Kafkas Figur verändert sich Woyzeck im Verlauf der Handlung und übt am Ende selbst Gewalt aus.
- Marie fühlt sich ebenfalls ohnmächtig gegenüber den „großen Madamen mit ihren Spiegeln von oben bis unten und ihren schönen Herren", sie selbst sei demgegenüber nur „ein arm Weibsbild", das nichts ändern könne: „Ach! Was Welt? Geht doch alles zum Teufel" („Marie sitzt, ihr Kind auf dem Schoß, ein Stück Spiegel in der Hand", 4. Szene). Wie der Ich-Erzähler aus Kafkas Geschichte sieht auch sie keine Möglichkeit, ihre Situation eigenständig zu verbessern.
- Woyzecks Gefühl der Ohnmacht drückt sich z. B. darin aus, dass er dem Hauptmann nicht widerspricht („Der Hauptmann. Woyzeck", 5. Szene) und seinen zum Teil offensichtlich paradoxen Behauptungen zustimmt, nur weil der Hauptmann der Mächtigere ist („Ja wohl, Herr Hauptmann", 5. Szene). Er muss sich sogar vom Hauptmann verspotten lassen („Ha! ha! ha! Süd-Nord! Ha! Ha! Ha! O er ist dumm, ganz abscheulich dumm", 5. Szene). Der Hauptmann übt zwar keine physische Gewalt aus, aber er spielt seine soziale Überlegenheit auf unfaire Art und Weise aus.
- Woyzeck fühlt sich entsprechend ohnmächtig in dieser Welt und hat nicht einmal die Hoffnung, dass es jemals anders sein könnte („ich glaub' wenn wir in den Himmel kämen, so müssten wir donnern helfen", 5. Szene).
- In der 8. Szene („Woyzeck. Der Doctor") lässt Woyzeck das menschenunwürdige Experiment des Arztes über sich ergehen, weil er bzw. Marie mit dem Kind dringend auf Geld angewiesen ist („die Menage kriegt meine Frau", 8. Szene). Der Arzt sieht Woyzeck lediglich als „Casus", als „Subjekt" (8. Szene). Später wird Woyzeck sogar mit einem Tier verglichen („willst du's machen wie die Katze [...] Das sind so Übergänge zum Esel", vgl. 10. Szene).
- Hier sind es also keine Barbaren, die mit Tieren gleichgesetzt werden, sondern ein Normalbürger wird durch einen anderen Menschen zum Tier degradiert (vgl. auch 3. Szene „Buden. Lichter. Volk", in der ein Ausrufer an einer Bude und ein Marktschreier Menschen und Tiere abwertend gleichsetzen).
- Insgesamt wird in Büchners Drama Gewalt deutlich als scheinbar gewöhnlicher Teil des Lebens dargestellt (vgl. z. B. den Kommentar des Polizeidieners am Ende: „Ein

- guter Mord, ein echter Mord, ein schöner Mord", 26. Szene „Gerichtsdiener. Barbier. Arzt. Richter").
- Der Tambourmajor (vgl. 15. Szene „Wirtshaus") droht Woyzeck mit roher, physischer Gewalt („Ich will ihm die Nas ins Arschloch prügeln [...] Kerl, soll ich dir die Zung aus dem Hals ziehn und sie um den Leib herumwickeln?", 15. Szene) und übt auch körperliche Gewalt aus (vgl. die Regieanweisung: „Sie ringen, Woyzeck verliert", 15. Szene). Eine solche Form von physischer Gewalt kommt in Kafkas Erzählung nicht vor, aber die Nomaden wirken ähnlich grobschlächtig wie der Major.
- Woyzeck ersticht Marie (vgl. 20. Szene „Marie und Woyzeck"), nachdem er ihrer Untreue gewahr wird. Er kann offenbar keine weitere Erniedrigung mehr ertragen und setzt seine Ohnmachtsgefühle in Gewalt um.
- Der Ich-Erzähler und die anderen Stadtbewohner in Kafkas Geschichte wenden keine Gewalt an, um sich gegen die Nomaden zu wehren. Sie äußern nur, dass sie sich „einer solchen Aufgabe nicht gewachsen" (Z. 54 f.) fühlen, und befürchten, „daran zugrunde" (Z. 56) zu gehen. Es bleibt offen, wie dieses „Zugrundegehen" aussehen wird.
- Man könnte sagen, dass auch Woyzeck zugrunde geht, will man den Mord an Marie als ein solches Scheitern verstehen. Man könnte jedoch auch die Behauptung aufstellen, dass Woyzeck mit diesem Mord eine Art Gegenwehr vollzieht – anders als die Stadtbewohner bei Kafka, die alles duldend ertragen.
- Im Gegensatz zum Ich-Erzähler bei Kafka, der sich wünscht, dass der Kaiser etwas gegen die Nomaden tun möge, wird in Büchners *Woyzeck* an keiner Stelle deutlich, dass Woyzeck sich Hilfe von der staatlichen Obrigkeit erhofft.
- Während sich der Ich-Erzähler bei Kafka immerhin noch als Teil einer Gruppe erfährt, sieht sich Büchners Woyzeck von allen anderen, inklusive seiner Partnerin Marie, im Stich gelassen und reagiert auf die ihn existenziell bedrohende Situation mit Gewalt. Diese Gewalt, die als Form der Gegenwehr gedeutet werden kann, trägt jedoch nicht zur Lösung seines Problems bei, sondern ist selbstzerstörerisch. Am Ende bleibt er allein zurück. Auch die Gruppe in Kafkas Erzählung findet bis zum Ende keine Lösung.

Aufgabe 3

Diskutieren Sie auf der Grundlage Ihrer Ergebnisse aus Aufgabe 2, welcher der beiden Autoren „Gewalt und Ohnmacht" hinsichtlich heutiger Lebenserfahrung überzeugender thematisiert. Beziehen Sie dabei auch Beispiele aus Ihrer eigenen Lebenswelt und Erfahrung mit ein.

HINWEIS Hier wird von Ihnen erwartet, dass Sie dialektisch erörtern, welche der beiden literarischen Darstellungen von Gewalt und Ohnmacht Sie aus heutiger Sicht für überzeugender halten. Dabei ist es wichtig, für beide Sichtweisen (Kafkas Darstellung ist überzeugender/Büchners Darstellung ist überzeugender) schlüssige Argumente zu finden, diese gegeneinander abzuwägen anhand von Beispielen aus Ihrem heutigen Erfahrungsbereich (Privatleben/Gesellschaft) und am Ende eine gut begründete Entscheidung zu treffen.

Notizen

Lösungsschritte

1. Legen Sie eine Mindmap an und sammeln Sie Assoziationen zum Thema „Gewalt und Ohnmacht heute" in Stichworten.
2. Machen Sie durch unterschiedliche farbige Markierungen deutlich, ob sich die gesammelten Stichworte eher in *Woyzeck* oder in *Ein altes Blatt* widerspiegeln oder in keinem der beiden Texte ein Bezug zu finden ist.
3. Nehmen Sie eine stichwortartige Bewertung vor.
4. Verfassen Sie aus Ihren Notizen einen zusammenhängenden, gut strukturierten Text aus Einleitung, Hauptteil mit abwägender Erörterung und Schlussfolgerung.
5. Überarbeiten Sie Ihren fertigen Text im Hinblick auf sprachlichen Ausdruck, Verständlichkeit und Rechtschreibung.

Stichpunktlösung

- Einleitungssatz, der z. B. lauten könnte: In Abwägung der Frage, ob Büchner oder Kafka das Thema „Gewalt und Ohnmacht" hinsichtlich heutiger Lebenserfahrung überzeugender thematisiert, komme ich zu dem im Folgenden dargelegten Ergebnis …

Mögliche Vergleichspunkte

- Auch heute sind viele Menschen nicht in der Lage zu entscheiden, was passieren soll, wenn Gewalt in der Gesellschaft ausgeübt wird (Beispiele: Anschlag auf das World Trade Center 2001, Totschlag im öffentlichen Raum wie z. B. an der Münchener U-Bahn, Kindesmissbrauchsfälle). Alle fühlen sich ohnmächtig, keiner fühlt sich verantwortlich; es wird der Ruf nach einer starken Obrigkeit, nach mehr Sicherheitsvorkehrungen laut, aber niemand weiß wirklich, was getan werden soll oder kann, um den Ausbruch von Gewalt zu verhindern – so, wie Kafka es in dem Kaiserreich darstellt.
- Viele Jugendliche fühlen sich von Eltern, Lehrern etc. allein gelassen, sind hilflos angesichts der eigenen Situation (Scheitern in der Schule, Arbeitslosigkeit, Perspektivlosigkeit etc.) und sehen nur den Ausweg, Gewalt gegen sich selbst oder gegen andere auszuüben, um ihre Aggressionen abzubauen – ähnlich wie Woyzeck.
- Beide Texte spiegeln also Aspekte von Gewalt und Ohnmacht wider, die es in veränderter Form auch heute noch gibt, obwohl sich unsere Gesellschaft wesentlich von den Gesellschaftsformen bei Kafka (Kaiserreich) und Büchner (Ständeordnung) unterscheidet.

UMGANG MIT TEXTEN (EPIK/DRAMATIK)

Trainingsaufgabe 2

Aufgabenart	Szenenanalyse; Charakterisierung, Textvergleich; Epochenzuordnung; Gestaltungsaufgabe
Material	Johann Wolfgang von Goethe: *Faust I* (*Studierzimmerszene*) (1808) Vergleichswerk: Franz Kafka: *Die Verwandlung* (1912)
Textsorte	Drama; Erzählung
Thema	Verwandlungen in literarischen Texten
Niveau	Leistungskurs

Aufgaben

1. Beschreiben Sie die in der Szene „Studierzimmer I" in Goethes *Faust I* stattfindende Verwandlung und analysieren Sie deren sprachliche und dramatische Gestaltung.

2. Charakterisieren Sie die Verwandlung der Figur Gregor Samsa in Kafkas Erzählung *Die Verwandlung* und vergleichen Sie diese mit der aus der Studierzimmerszene. Werten Sie mögliche Unterschiede mit Blick auf die verschiedenen Epochen aus, in denen die Texte entstanden sind.

3. Gestalten Sie einen inneren Monolog der Mutter von Gregor Samsa, in dem sie schildert, wie sie die Verwandlung ihres Sohnes wahrnimmt.

Material

Johann Wolfgang von Goethe (1749-1832)
Faust. Der Tragödie erster Teil (Auszug) (1808)

Faust.
    Verlassen hab' ich Feld und Auen,
    Die eine tiefe Nacht bedeckt,
1180   Mit ahndungsvollem heil'gem Grauen
    In uns die bessre Seele weckt.
    Entschlafen sind nun wilde Triebe,
    Mit jedem ungestümen Tun;
    Es regt sich die Menschenliebe,
1185   Die Liebe Gottes regt sich nun.
Sei ruhig Pudel! renne nicht hin und wider!
An der Schwelle was schnoberst du hier?
Lege dich hinter den Ofen nieder,
Mein bestes Kissen geb' ich dir.

1190 Wie du draußen auf dem bergigen Wege
Durch Rennen und Springen ergetzt uns hast,
So nimm nun auch von mir die Pflege,
Als ein willkommner stiller Gast.
    Ach wenn in unsrer engen Zelle
1195   Die Lampe freundlich wieder brennt,
    Dann wird's in unserm Busen helle,
    Im Herzen, das sich selber kennt.
    Vernunft fängt wieder an zu sprechen,
    Und Hoffnung wieder an zu blühn;
1200   Man sehnt sich nach des Lebens Bächen,
    Ach! nach des Lebens Quelle hin.
Knurre nicht Pudel! Zu den heiligen Tönen,
Die jetzt meine ganze Seel' umfassen,
Will der tierische Laut nicht passen.
1205 Wir sind gewohnt, dass die Menschen verhöhnen,
Was sie nicht verstehn,
Dass sie vor dem Guten und Schönen,
Das ihnen oft beschwerlich ist, murren;
Will es der Hund, wie sie, beknurren?

1210 Aber ach! schon fühl' ich, bei dem besten Willen,
Befriedigung nicht mehr aus dem Busen quillen.
Aber warum muss der Strom so bald versiegen,
Und wir wieder im Durste liegen?
Davon hab' ich so viel Erfahrung.
1215 Doch dieser Mangel lässt sich ersetzen,
Wir lernen das Überirdische schätzen,
Wir sehnen uns nach Offenbarung,
Die nirgends würd'ger und schöner brennt,
Als in dem neuen Testament.
1220 Mich drängt's den Grundtext aufzuschlagen,
Mit redlichem Gefühl einmal
Das heilige Original
In mein geliebtes Deutsch zu übertragen.

Er schlägt ein Volum¹ auf und schickt sich an.

Geschrieben steht: „im Anfang war das *Wort*!"
1225 Hier stock' ich schon! Wer hilft mir weiter fort?
Ich kann das *Wort* so hoch unmöglich schätzen,
Ich muss es anders übersetzen,
Wenn ich vom Geiste recht erleuchtet bin.
[...]
Soll ich mit dir das Zimmer teilen,
Pudel, so lass das Heulen,
1240 So lass das Bellen!
Solch einen störenden Gesellen

---
1 ein (wahrscheinlich großformatiges) Buch

Mag ich nicht in der Nähe leiden.
Einer von uns beiden
Muss die Zelle meiden.
1245 Ungern heb ich das Gastrecht auf,
Die Tür' ist offen, hast freien Lauf.
Aber was muss ich sehen!
Kann das natürlich geschehen?
Ist es Schatten? ist's Wirklichkeit?
1250 Wie wird mein Pudel lang und breit!
Er hebt sich mit Gewalt,
Das ist nicht eines Hundes Gestalt!
Welch ein Gespenst bracht' ich ins Haus!
Schon sieht er wie ein Nilpferd aus,
1255 Mit feurigen Augen, schrecklichem Gebiss.
O! du bist mir gewiss!
Für solche halbe Höllenbrut
Ist Salomonis Schlüssel[2] gut.

Geister *(auf dem Gange).*
    Drinnen gefangen ist einer!
1260   Bleibet haußen, folg' ihm keiner
    Wie im Eisen der Fuchs
    Zagt ein alter Höllenluchs.
    Aber gebt Acht!
    Schwebet hin, schwebet wider,
1265   Auf und nieder,
    Und er hat sich losgemacht.
    Könnt ihr ihm nützen,
    Lasst ihn nicht sitzen!
    Denn er tat uns allen
1270   Schon viel zu Gefallen.

Faust. Erst zu begegnen dem Tiere,
Brauch' ich den Spruch der Viere:
    Salamander[3] soll glühen,
    Undene sich winden,
1275   Sylphe verschwinden,
    Kobold sich mühen.
    Wer sie nicht kennte
Die Elemente,
Ihre Kraft
1280 Und Eigenschaft,
Wäre kein Meister
Über die Geister.
    Verschwind in Flammen
    Salamander!

---

[2] Zauberbuch *Claviculae Salomonis* (wahrscheinlich aus dem 16. Jahrhundert) über die Beschwörung von harmlosen Geistern

[3] Salamander, Undene (oder Undine), Silphe (oder Sylphe), Kobold: Elementargeister in Feuer, Wasser, Luft und Erde

1285　　　Rauschend fließe zusammen
　　　　　Undene!
　　　　　Leucht in Meteoren-Schöne
　　　　　Sylphe!
　　　　　Bring häusliche Hülfe
1290　　　Incubus! Incubus!⁴
　　　　　Tritt hervor und mache den Schluss.
　　　Keines der Viere
　　　Steckt in dem Tiere.
　　　Es liegt ganz ruhig und grinst mich an,
1295　Ich hab' ihm noch nicht weh getan.
　　　Du sollst mich hören
　　　Stärker beschwören.
　　　　　Bist du, Geselle
　　　　　Ein Flüchtling der Hölle?
1300　　　So sieh dies Zeichen!
　　　　　Dem sie sich beugen
　　　　　Die schwarzen Scharen.
　　　Schon schwillt es auf mit borstigen Haaren.
　　　　　Verworfnes Wesen!
1305　　　Kannst du ihn lesen?
　　　　　Den nie Entsprossnen,
　　　　　Unausgesprochnen,
　　　　　Durch alle Himmel Gegossnen,
　　　　　Freventlich Durchstochnen?
1310　Hinter den Ofen gebannt
　　　Schwillt es wie ein Elefant,
　　　Den ganzen Raum füllt es an,
　　　Es will zum Nebel zerfließen.
　　　Steige nicht zur Decke hinan!
1315　Lege dich zu des Meisters Füßen!
　　　Du siehst dass ich nicht vergebens drohe.
　　　Ich versenge dich mit heiliger Lohe!⁵
　　　Erwarte nicht
　　　Das dreimal glühende Licht!
1320　Erwarte nicht
　　　Die stärkste von meinen Künsten!

Mephistopheles *tritt, indem der Nebel fällt, gekleidet wie ein fahrender Scholasticus⁶, hinter dem Ofen hervor.*

Mephistopheles.
Wozu der Lärm? was steht dem Herrn zu Diensten?
Faust. Das also war des Pudels Kern!
Ein fahrender Scolast? Der Casus⁷ macht mich lachen.

4　männlicher Teufel
5　heiliges Feuer
6　Student, der von einer Universität zur anderen fährt
7　Fall, Vorfall

1325 **Mephistopheles.** Ich salutiere den gelehrten Herrn!
Ihr habt mich weidlich schwitzen machen.
Faust. Wie nennst du dich?
Mephistopheles. Die Frage scheint mir klein
Für einen, der das Wort so sehr verachtet,
Der, weit entfernt von allem Schein,
1330 Nur in der Wesen Tiefe trachtet.
Faust. Bei euch, ihr Herrn, kann man das Wesen
Gewöhnlich aus dem Namen lesen,
Wo es sich allzu deutlich weist,
Wenn man euch Fliegengott, Verderber, Lügner heißt.
Nun gut wer bist du denn?
1335 **Mephistopheles.** Ein Teil von jener Kraft,
Die stets das Böse will und stets das Gute schafft.
Faust. Was ist mit diesem Rätselwort gemeint?
Mephistopheles. Ich bin der Geist der stets verneint!
Und das mit Recht; denn alles was entsteht
1340 Ist wert dass es zugrunde geht;
Drum besser wär's dass nichts entstünde.
So ist denn alles was ihr Sünde,
Zerstörung, kurz das Böse nennt,
Mein eigentliches Element.

Johann Wolfgang Goethe, Faust. Der Tragödie Erster Teil. Stuttgart: Philipp Reclam jun. Gmbh & Co. Ausgabe 2000. S. 35–39 (Auszug) (V. 1178–1344). (Rechtschreibung, Zählung der Verse und Anordnung des Textes folgen der Quelle.)

Notizen

LÖSUNG: TRAININGSAUFGABE 2

Lösungsvorschlag

Aufgabe 1

Beschreiben Sie die in der Szene „Studierzimmer I" in Goethes *Faust I* stattfindende Verwandlung und **analysieren** Sie deren sprachliche und dramatische Gestaltung.

HINWEIS   Bei der Bearbeitung dieser Aufgabe sollen Sie die in der Szene dargestellte Verwandlung beschreiben. Es ist keine Inhaltsangabe gefragt, sondern konzentrieren Sie sich ganz auf die Verwandlung und lassen Sie andere Aspekte außer Acht. In die Beschreibung sollen Hinweise auf die besonders hervorstechenden sprachlichen Mittel eingefügt und anhand von aussagekräftigen Zitaten belegt werden. Schließlich sollen Sie auf die dramatische Gestaltung eingehen, d. h. darlegen, wie Goethe den Leser oder Zuschauer auf das Erscheinen Mephistos vorbereitet bzw. wie er diesen (abgesehen vom Prolog) ersten und darum sehr bedeutenden Auftritt inszeniert.

Lösungsschritte

1. Lesen Sie die Dramenszene sehr gründlich mehrmals durch. Vergegenwärtigen Sie sich, welche Funktion die Szene innerhalb des Dramas erfüllen soll.
2. Lesen Sie den Text ein weiteres Mal und markieren Sie Sinnabschnitte, die Sie mit Stichpunkten zusammenfassen.
3. Markieren Sie nun sprachliche Besonderheiten und andere Auffälligkeiten; analysieren Sie das variierende Versmaß.
4. Erstellen Sie eine Gliederung und formulieren Sie dann einen zusammenhängenden Text. Nennen Sie im Einleitungssatz Autor, Titel des Dramas und Titel der Szene. Belegen Sie die Aussagen zur sprachlichen und dramatischen Gestaltung mit sinnvoll ausgewählten Zitaten.
5. Lesen Sie Ihren Text sorgfältig durch und überarbeiten Sie ihn, wo es nötig ist. Achten Sie insbesondere auf korrekte Zitierweise und konsequenten Aufgabenbezug (Beschreibung der Verwandlung, sprachliche Analyse, dramatische Gestaltung).
Überprüfen Sie auch Rechtschreibung und Zeichensetzung.

Stichpunktlösung

Beschreibung der Verwandlung

- Der Pudel fällt durch unruhiges Rennen, Schnuppern, Knurren, Heulen und Bellen auf.
- Als Faust den Pudel wegschicken will, verändert dieser seine Gestalt: Er wird lang und breit und sieht schließlich wie ein Nilpferd aus mit feurigen Augen und „schrecklichem Gebiss" (V. 1255). Zunächst fragt sich Faust noch, ob es eine Einbildung oder ein Schatten ist („Ist es Schatten? ist's Wirklichkeit?", V. 1249), erkennt dann aber schnell, dass er einer solchen „Höllenbrut" (V. 1257) nur mit Magie begegnen kann.
- Der erste Zauberspruch verfehlt seine Wirkung. Faust muss erkennen, dass das seltsame Wesen ruhig vor ihm liegen bleibt und ihn angrinst. Er fühlt sich dadurch herausgefordert, mit stärkeren Beschwörungsformeln anzutreten.

- Die zweite Beschwörung führt dazu, dass das Wesen weiter anschwillt und borstige Haare (ein Zeichen des Teufels) bekommt. Als es Elefantengröße erreicht hat, wird es zu einem Nebel, aus dem dann schließlich Mephisto, gekleidet wie ein fahrender Student, heraustritt.
- Der Verwandlungsprozess des Pudels in Mephisto hat etwas von einem Wettkampf. Der Pudel fordert Faust durch sein auffälliges Benehmen heraus. Faust reagiert nicht mit Erschrecken vor der unheimlichen Erscheinung, die er ja durchaus wahrnimmt und beschreibt, sondern greift als erfahrener Magier zu bewährten Mitteln, die er immer weiter steigert, bis sie das erwünschte Ergebnis bringen. Mephisto tritt aus dem Nebel hervor und zollt Faust wie ein geschlagener, aber grundsätzlich ebenbürtiger Wettkampfpartner Anerkennung für dessen Gelehrtheit auf dem Gebiet der Magie.

Sprachliche Gestaltung
- Die Szene besteht aus dem anfänglichen Monolog des Faust, dem Gesang der Geister, den Beschwörungsformeln und dem Dialog zwischen Faust und Mephisto am Schluss. Teilweise spiegelt das Versmaß die unterschiedliche Funktion der Sprache wider:
- Der Monolog des Faust besteht anfangs aus vierhebigen, jambischen Stanzen (z. B. „In uns die bessre Seele weckt.", V. 1181). Dieses regelmäßige Versmaß bestimmt die Verse 1178 bis 1185 und 1194 bis 1201, in denen Faust seine friedliche, ausgeglichene Stimmung nach dem Spaziergang beschreibt. Dazwischen und schließlich die Oberhand gewinnend finden sich unregelmäßige durch Daktylen aufgelockerte Verse, in denen Faust sich dem unruhigen Pudel zuwenden muss (z. B. „An der Schwelle was schnoberst du hier?", V. 1187).
- Der Gesang der Geister (V. 1259–1270) ist in freien Rhythmen verfasst, die das Nichtgreifbare ihrer Existenz verdeutlichen.
- Auch die Beschwörungsformeln (V. 1273–1276; V. 1282–1291; V. 1298–1309) bestehen aus freien Rhythmen, die in diesem Fall das Magische, Altertümliche unterstreichen.
- Die Verse im Dialog mit Mephisto entsprechen dem Madrigalvers, auch als „Faustverse" bezeichnet (Auftakt, vier oder fünf regelmäßige Hebungen mit jeweils einer Senkung dazwischen: z. B. „Ich bin der Geist der stets verneint", V. 1338).
- In den Abschnitten, in denen das Unheimliche, Schauerliche die Oberhand hat und sich auch die Verwandlung abspielt, wählt Goethe unregelmäßige, altertümlich klingende Versmaße, vor und nach der Verwandlung, also in Phasen der Klarheit und der rationalen, vernunftgesteuerten Rede, überwiegen regelmäßige Versformen.
- Mit dem Zitat „im Anfang war das Wort!" (V. 1224) aus der Luther-Übersetzung des Johannes-Evangeliums im Neuen Testament greift Goethe auf ein bekanntes Bibelzitat zurück, an dem Faust seine Gelehrsamkeit demonstrieren kann und in Bezug zu Martin Luther und dessen Zeit gesetzt wird. Das Zitieren des Wortes Gottes ist letztendlich der Auslöser für die Verwandlung des Pudels.

Dramatische Gestaltung
- Die Studierzimmerszene beginnt damit, dass Faust von seinem Spaziergang mit einem zugelaufenen Pudel nach Hause kommt. Am Ende der Szene zeigt sich, dass der Pudel niemand anderes als Mephisto ist. In der Szene verwandelt sich der Pudel in Mephisto, es offenbart sich „des Pudels Kern" (V. 1323).

Notizen

- Die Szene lässt sich in vier Abschnitte untergliedern:
  - 1. Faust will in einer friedlichen, gelösten Stimmung die Bibel übersetzen. Dabei wird er mehrfach von der Unruhe des Pudels unterbrochen, bis er ihn schließlich hinauswerfen will („Die Tür' ist offen, hast freien Lauf.", V. 1246).
  - 2. Faust erkennt, dass er keinen Hund, sondern ein „Gespenst" (V. 1253) mit nach Hause gebracht hat. Diese Erkenntnis wird durch den Gesang der Geister auf dem Gang bestätigt. Damit kommt das Übernatürliche in die Szene.
  - 3. Faust versucht in zwei Anläufen mit Hilfe der Magie, die wahre Gestalt des Pudels zu ergründen. Der erste Versuch scheitert. Erst als er das höllische Wesen mit dem Kruzifix („Den nie Entsprossnen/ Unausgesprochnen/Durch alle Himmel Gegossnen/Freventlich Durchstochnen", V. 1306–1309) und dem Zeichen der heiligen Trinität („Das dreimal glühende Licht", V. 1319) beschwört, erscheint Mephisto.
  - 4. Es kommt zum ersten Dialog zwischen Faust und Mephisto. Faust will wissen, mit wem er es zu tun hat. Mephisto stellt sich vor als „Ein Teil von jener Kraft,/Die stets das Böse will und stets das Gute schafft" (V. 1335 f.).
- Es handelt sich bei der Szene um eine Schlüsselszene, weil hier die beiden Protagonisten das erste Mal einander gegenüberstehen und somit die Basis für das weitere Geschehen gelegt wird. Faust erschrickt nicht in der Begegnung mit dem Teufel, sondern will, getrieben von dem Bestreben nach Erkenntnis, vor allem wissen, mit wem er es zu tun hat.
- Dass der Pudel der Teufel und somit Gottes „Gegenspieler" ist, deutet sich bereits zu Beginn der Szene an. Er wird unruhig, als Faust von der „Liebe Gottes" (V. 1185) spricht. Faust kommt mit der Bibelübersetzung nicht weit, weil er massiv durch den Pudel gestört wird, dem die Beschäftigung mit Gottes Wort nicht behagt. In dem Moment, als Faust den Pudel wegschicken will, verändert dieser seine Gestalt und verwandelt sich in ein furchteinflößendes Wesen mit „feurigen Augen und schrecklichem Gebiss" (V. 1249–1255). Die Geister auf dem Gang signalisieren, dass es hier um etwas Übernatürliches geht, und verstärken die gruselige Atmosphäre. Der vergebliche erste Versuch, den Geist zu beschwören, steigert die Spannung. Der zweite Zauberspruch führt zu einem weiteren Anschwellen, bis sich die ganze Gestalt in einen Nebel hüllt, aus dem dann Mephisto heraustritt. Durch die schauerliche Veränderung des zunächst harmlos wirkenden Pudels und den zweifachen Anlauf, dem unheimlichen Wesen mit Magie beizukommen, erhält Mephisto einen überaus spektakulären ersten Auftritt in der Haupthandlung des Dramas. Gleichzeitig wird deutlich, dass Faust im Umgang mit übernatürlichen Kräften nicht ängstlich und unerfahren ist, sondern ebenbürtiger Partner, der diese Kräfte beherrscht und Respekt verdient („Ich salutiere den gelehrten Herrn!/Ihr habt mich weidlich schwitzen machen", V. 1325 f.).

Aufgabe 2

Charakterisieren Sie die Verwandlung der Figur Gregor Samsa in Kafkas Erzählung *Die Verwandlung* und **vergleichen** Sie diese mit der aus der Studierzimmerszene. Werten Sie mögliche Unterschiede mit Blick auf die verschiedenen Epochen aus, in denen die Texte entstanden sind.

HINWEIS   Zunächst sollen Sie die Verwandlung Gregor Samsas charakterisieren. Begründen Sie in diesem Zusammenhang zu Beginn, inwiefern die beiden Texte überhaupt vergleichbar sind. In diesem Fall geht es um das Motiv der Verwandlung, das in beiden Texten eine zentrale Rolle spielt. Sollten weitere Gemeinsamkeiten bestehen, sind diese herauszuarbeiten. Anschließend wenden Sie sich den Unterschieden zu, wobei in dieser Aufgabe vor allem die verschiedenen Epochen, in denen die Texte entstanden sind, in den Blick genommen werden sollen. Die *Seiten*angaben in der Stichpunktlösung beziehen sich auf das Reclam-Heft „Franz Kafka, Die Verwandlung", die *Vers*angaben auf das abgedruckte Material bzw. auf die zugrundeliegende Textausgabe von *Faust I*.

Lösungsschritte

1. Legen Sie eine tabellarische Gegenüberstellung der Verwandlung Gregor Samsas und Mephistos an. Arbeiten Sie dabei die charakteristischen Merkmale heraus. Anschließend markieren Sie in der Tabelle die Gemeinsamkeiten und Unterschiede mit zwei verschiedenfarbigen Textmarkern.
2. Notieren Sie die besonderen Merkmale der beiden Epochen, in denen die Texte entstanden sind. Markieren Sie diejenigen Epochenmerkmale, die als Erklärung für die Unterschiede in der Darstellung der Verwandlungen geeignet sind.
   Goethes Dramenszene: Klassik (Figuren als idealtypische Träger von Ideen, hier Faust als der nach Erkenntnis und Selbstverwirklichung strebende, autonom handelnde Mensch, der positive und negative Eigenschaften vereinigt, sowie Mephisto als personifizierte Verführung zum Bösen und zur Zerstörung; das Streben nach einem Aufgehen im Weltganzen; Bevorzugung einer metrisch gebundenen Sprache)
   Kafkas Erzählung: Moderne (zentrale Themen: Vereinzelung, Entfremdung, Auflösung, Vater-Sohn-Konflikt, das einer undurchschaubar-absurden Welt ausgelieferte Ich, die animalische Natur des Menschen; bevorzugte Verwendung der erlebten Rede und des inneren Monologs)
3. Entwerfen Sie eine Gliederung und formulieren Sie einen zusammenhängenden Text. Geben Sie dabei im Einleitungssatz die zu vergleichenden Texte und das Vergleichsmotiv der Verwandlung an. Bearbeiten Sie im Hauptteil die einzelnen Unteraufgaben (Charakterisierung, Vergleich, Herausarbeiten der Epochenbezüge) und verknüpfen Sie die Aussagen insbesondere zu den Unterschieden und den epochentypischen Merkmalen.
4. Lesen Sie Ihren Text nochmals sorgfältig und überarbeiten Sie ihn. Achten Sie vor allem auf konsequenten Aufgabenbezug.

Stichpunktlösung

Charakterisierung der Verwandlung Gregor Samsas

- Der kleine Angestellte Gregor Samsa erwacht eines Morgens stark verspätet und muss feststellen, dass er sich über Nacht und ohne irgendeine Vorwarnung in einen riesigen Käfer verwandelt hat.
- Für das ungewohnte Körpergefühl sucht er anfänglich nach rationalen Erklärungen (schlechter Traum, Übermüdung/Schläfrigkeit, Überarbeitung, ungesunde Lebensführung, ungeschicktes Liegen, Erkältung, Unwohlsein, Schwindel).
- Schließlich findet sich Gregor mit seiner äußerlichen Verwandlung ab und verhält sich immer mehr wie ein Tier. Der äußeren Verwandlung folgt eine innere.
- In zwei Episoden wird Gregor noch einmal besonders deutlich an seine menschliche Existenz erinnert, die in dem Tierkörper gefangen ist und sich langsam

aufzulösen scheint. Zum einen ist dies der Fall, als die Mutter Bedenken hat, das Zimmer durch Ausräumen der Möbel zunehmend in eine Art Stall zu verwandeln („Beim Anhören dieser Worte der Mutter erkannte Gregor, daß der Mangel jeder unmittelbaren menschlichen Ansprache ... seinen Verstand hatte verwirren müssen", S. 37). Zum anderen stellt sich Gregor beim Hören des Geigenspiels der Schwester verzweifelt die Frage: „War er ein Tier, da ihn Musik so ergriff?" (S. 53).
- Die Verwandlung Gregors zieht andere „Verwandlungen" nach sich. So ändert sich Gregors Rolle in der Familie vom Ernährer und Entscheidungsträger hin zum ganz und gar abhängigen verachteten Schmarotzer, der nur noch eine Belastung darstellt. Die Familienmitglieder verwandeln sich von passiven, leicht verwöhnten Nutznießern der Arbeitskraft des Sohnes hin zu aktiven, das eigene Leben in die Hand nehmenden Personen.
- Die Verwandlung Gregors wird an keiner Stelle erklärt. Sie bleibt das einzige irrationale Moment in einer sonst sehr realistisch geschilderten Erzählung. Die handelnden Personen begreifen die Verwandlung als schicksalhaftes Unglück, mit dem man sich abfinden muss wie mit einer unheilbaren seltenen Krankheit oder einem tragischen Unfall.

Vergleich der Verwandlung Gregor Samsas mit der Mephistos
- Wesentlicher Vergleichsaspekt: In beiden Texten geht es um eine Verwandlung.
- *Gemeinsamkeiten:*
  - In beiden Texten verwandelt sich ein eher unauffälliges, harmloses Subjekt (ein kleiner Angestellter, ein Pudel) in ein unangenehmes, abstoßendes Wesen (ein riesiges Ungeziefer, eine teuflische Figur).
  - Die Verwandlung trägt dazu bei, dass vor der Verwandlung unsichtbare Wesensmerkmale sichtbar werden.
  - Die Verwandlung geschieht zu Beginn des Textes und setzt maßgeblich die nachfolgende Handlung in Gang.
- *Unterschiede:*
  - Die Verwandlung ist im *Faust* ein aktiver Prozess. Man kann davon ausgehen, dass Mephisto sich die Gestalt des harmlosen Pudels kraft seiner magischen Fähigkeiten selbst gegeben hat. Faust führt die Verwandlung des Pudels aktiv durch die Beschäftigung mit der Bibel und durch die Beschwörungsformeln herbei. Der Verwandlungsakt hat den Charakter eines magischen Kräftemessens.
  - Bei Gregor Samsa dagegen geschieht die äußere Verwandlung vollkommen unabsichtlich und passiv. Er ist ihr ausgeliefert und muss sie erdulden. Die nachfolgende innere Verwandlung geschieht schleichend und in überwiegend unbewusster Anpassung an die neuen körperlichen Verhältnisse. Die Verwandlung der Familienkonstellation ist ebenfalls eine durch die neuen Notwendigkeiten erzwungene, eher unbeabsichtigte.
  - Das übernatürliche Moment einer magischen Verwandlung tritt im *Faust* öfter auf, es ist Bestandteil der Handlung, wie man an dem Gesang der Geister in dieser Szene sehen kann. Das Verfügen über magische Kräfte ist in den Figuren Faust und Mephisto angelegt und charakterisiert sie.
  - Bei Kafka ist die Verwandlung ein singuläres, irrationales Moment, auf das die Handelnden wiederum realistisch reagieren. Sie wird an keiner Stelle erklärt oder motiviert, sondern geschieht einfach.

Auswertung der Unterschiede unter Berücksichtigung der Epochen

- Goethes Figuren Faust und Mephisto sind typische Charaktere des klassischen Dramas. Sie verkörpern Ideen und sind keine realistischen Personen. Insofern sind sie auch mit übernatürlichen Fähigkeiten ausgestattet, die u.a. Verwandlungen ermöglichen. Die aktive Rolle bei der Verwandlung des Pudels in Mephisto und der darin ausgetragene „Wettkampf" um die Gelehrsamkeit passen zu dem klassischen Menschenbild. Beide greifen aktiv in das Geschehen ein und verfolgen konsequent ihre Ziele. Typisch für die Figuren in der Klassik ist das aktive Streben nach Erkenntnis dessen, was die Welt „[i]m Innersten zusammenhält" (V. 383). Dies schließt das Gute und das Böse, das Natürliche und das Übernatürliche, das Rationale und das Irrationale ein. Die metrisch gebundene Sprache sorgt für Distanz zum Zuschauer und seinen alltäglichen Sorgen und fördert das abstrakte Verständnis des Textes.

- Kafkas Erzählung ist ein typisches Werk der Moderne. Gregors Verwandlung steht nicht für das Übernatürliche, rational nicht Erfassbare, sondern ist das sichtbar gewordene Zeichen der psychischen Situation des modernen Menschen. Gregors abstoßende Gestalt bringt die Vereinzelung, Entfremdung und das Ausgeliefertsein des Einzelnen an die sichtbare Oberfläche. Sie verweist darüber hinaus auf die animalische Natur des Menschen, die dieser nicht ablegen, sondern bestenfalls ins Unbewusste verbannen kann. Insofern ist es folgerichtig, dass Gregor an seinem Zustand passiv leidet, aber keine Möglichkeit hat, sich daraus zu befreien. Dieses Menschenbild steht im Kontrast zum Menschenbild der Klassik, das den Menschen als „edel und gut" ansieht und daran glaubt, dass man durch Bildung Vervollkommnung und Mündigkeit erlangen kann. Gregor Samsa endet als verdrecktes, Ekel erregendes passives Tier – das absolute Gegenteil dessen, was die Klassik angestrebt hat. Da es um den inneren Zustand des Menschen geht, der weit davon entfernt ist, Zusammenhänge zu durchschauen, ist der Text Kafkas überwiegend in der ganz und gar subjektiv geprägten erlebten Rede geschrieben.

Aufgabe 3

Gestalten Sie einen inneren Monolog der Mutter von Gregor Samsa, in dem sie schildert, wie sie die Verwandlung ihres Sohnes wahrnimmt.

HINWEIS   Suchen Sie zunächst nach aussagekräftigen Textstellen in der Erzählung *Die Verwandlung*, in denen das Verhalten der Mutter gegenüber Gregor beschrieben wird. Überlegen Sie, welche Rückschlüsse Sie daraus ziehen können in Bezug auf die Frage, wie die Mutter die Verwandlung ihres Sohnes wahrnimmt. Die Gedanken, die die Mutter in dem zu verfassenden inneren Monolog äußert, dürfen nicht im Widerspruch stehen zu ihrem in der Erzählung beschriebenen Verhalten. Verdeutlichen Sie sich auch, wie sich das Verhalten der Mutter von dem des Vaters und der Schwester unterscheidet. Dieser Unterschied sollte in dem inneren Monolog deutlich herausgearbeitet werden. Konzentrieren Sie sich auf die Verwandlung Gregors und vermeiden Sie Äußerungen zu den anderen Familienmitgliedern oder der familiären Gesamtsituation. Auf Zitate kann bei dieser Aufgabenstellung verzichtet werden. Die Seitenangaben in der Stichpunktlösung beziehen sich auf das Reclam-Heft „Franz Kafka, Die Verwandlung".

LÖSUNG: TRAININGSAUFGABE 2

Lösungsschritte

1. Markieren Sie aussagekräftige Textstellen in der Erzählung, die das Verhalten der Mutter gegenüber dem Sohn Gregor beschreiben.
2. Lesen Sie noch einmal sehr genau die Aufgabenstellung.
3. Notieren Sie in Stichpunkten die Wahrnehmung der Mutter; versuchen Sie, die Notizen inhaltlich zu ordnen.
4. Verdeutlichen Sie sich die Textsorte „innerer Monolog": Ich-Erzählform, geringe Distanz zum dargestellten Gegenstand, eingeschränkter Überblick, Darstellung von subjektiven Gedanken, Wahrnehmungen und Gefühlen (nicht von Handlungen).
5. Formulieren Sie dann aus den Stichpunkten einen zusammenhängenden Text, der der Textsorte „innerer Monolog" entspricht.
6. Überprüfen Sie Ihren geschriebenen Text sorgfältig auf konsequenten Themenbezug, innere Widerspruchsfreiheit und Entsprechung in den Textstellen der Erzählung.

Stichpunktlösung

Textstellenanalyse und Deutung

- Bei Gregors Anblick fällt die Mutter stets in eine Art Ohnmacht oder flieht entsetzt in die Arme des Vaters. Obwohl sie sonst in der Lage ist, das Dienstpersonal in der Hausarbeit zu ersetzen, zum Unterhalt durch Näharbeiten beizutragen oder die Zimmerherren zu bedienen, bricht sie in den Situationen, in denen sie dem Käfer begegnet, gesundheitlich zusammen. Durch ihre Ohnmachten entzieht sie sich der Verantwortung zu handeln und muss die Tatsachen nicht anerkennen (vgl. S. 18, S. 40, S. 56).
- In den Augen der Mutter ist Gregor ein äußerst gewissenhafter, fleißiger und häuslicher junger Mann. Sie verteidigt ihn vor dem Prokuristen und entschuldigt sein Verhalten mit Krankheit (vgl. S. 12 f.). Damit spricht sie Gregor von jeder Schuld an seinem Zustand frei. Die Vorstellung, Gregor sei nur vorübergehend sehr krank, behält sie bis zum Schluss bei. Sie spricht von ihm als ihrem „unglücklichen Sohn" (S. 35), dessen Zimmer sie nicht an die Bedürfnisse eines Tieres anpassen will. Als Einzige in der Familie bewahrt sie sich die Hoffnung auf eine Besserung und ein Leben danach, für das sie das Zimmer in seinem ursprünglichen Zustand belassen will. Gegenüber dem Vater und der Schwester kann sie sich jedoch nicht durchsetzen (vgl. S. 37). Hierzu passt auch, dass die Mutter das von der Schwester zunehmend vernachlässigte und verdreckte Zimmer ohne Wissen der anderen Familienmitglieder gründlich reinigt (vgl. S. 48).
- Das aggressive Verhalten des Vaters gegenüber Gregor kann die Mutter nicht nachempfinden. Trotz großer Furcht vor dem Käfer und eines Schwächeanfalls erfleht sie die „Schonung von Gregors Leben" in der Szene, als der Vater Gregor mit Äpfeln bewirft und ihn schwer verletzt (vgl. S. 44).
- Gregors Zustand erfüllt die Mutter bis zum Schluss mit tiefer Trauer (vgl. S. 47).

Ideen für den inneren Monolog

- Die Mutter leidet unter Gregors Zustand. Es geht ihr körperlich und seelisch schlecht, dies kann in wiederholten Klagen zum Ausdruck kommen.
- Die tierartige Gestalt Gregors sowie die tierischen Bedürfnisse ignoriert die Mutter. Die Gestalt des Käfers darf somit nicht erwähnt werden und auch sonst ist bei den

Formulierungen besondere Sorgfalt diesbezüglich angezeigt. Gregor ist in ihren Augen nicht verwandelt, sondern sehr krank. Sie bedauert ihn und hat das mütterlich fürsorgliche Bedürfnis, ihm zu helfen (sie lässt zu Beginn den Arzt holen). Das Zitat „Lasst mich doch zu Gregor, er ist ja mein unglücklicher Sohn" (S. 35) kann direkt oder in leicht veränderter Form in den Monolog aufgenommen werden.

- Die Verwandlung Gregors ist in den Augen der Mutter ein Schicksalsschlag, den man hinnehmen und erdulden muss. Eine Schuldfrage stellt sich somit nicht. Insbesondere kommt die Mutter nicht auf den Gedanken, Gregor seinen Zustand und die Belastungen, die daraus für die Familie erwachsen, anzulasten. Im Monolog könnte die Mutter dies ansprechen, verbunden mit der Hoffnung auf Besserung und auf eine Rückkehr zu den Verhältnissen vor der Verwandlung.
- Aggressive Ausbrüche, wie sie beim Vater zu beobachten sind, oder eine pragmatische Einstellung, wie sie die Schwester hat, passen nicht zur Haltung der Mutter. Um dies zu verdeutlichen, könnte die Mutter ihr Unverständnis gegenüber dem Verhalten des Vaters oder der Schwester zum Ausdruck bringen. Allerdings ordnet sie sich letztendlich aus Schwäche stets den beiden anderen unter, was ausschließt, dass die Kritik zu entschieden formuliert wird.

37

UMGANG MIT TEXTEN (EPIK/DRAMATIK)

Trainingsaufgabe 3

Aufgabenart	Erörterung eines fachspezifischen Sachverhalts anhand einer Textvorlage; Textanalyse; Vergleich
Material	Wolfgang Engler: *Der Bündelungseffekt der höfischen Konversation* (2009) Friedrich Schiller: *Don Karlos* (2. Akt, 12. Auftritt) (1787)
Textsorte	Sachtext; Drama
Thema	Sprache; Kommunikation; Klassik
Niveau	Leistungskurs

Aufgaben

1. Analysieren Sie den Textausschnitt im Hinblick auf das, was Engler als *Gesetz der höfischen Konversation* beschreibt, sowie im Hinblick auf die Begriffe von Sprache und Kommunikation und auf das Bild des Menschen, die für Engler mit „höfischer Konversation" verbunden sind. Erläutern Sie abschließend, was die Bezeichnung „Dreckhaufen in Seidenstrümpfen" mit höfischer Konversation im Sinne Englers zu tun hat.

2. Fassen Sie den Inhalt des vorliegenden Szenenausschnitts aus *Don Karlos* zusammen und überprüfen Sie, inwieweit die Motive und das Gesprächsverhalten der Figuren dem „Gesetz der höfischen Konversation" entsprechen.

Material 1

Wolfgang Engler (* 1952)
Der Bündelungseffekt der höfischen Konversation (Auszug) (2009)

Der folgende Text ist ein Auszug aus Wolfgang Englers kulturgeschichtlicher Studie mit dem Titel „Lüge als Prinzip", die 2009 veröffentlicht wurde.

[...]
Politisch entmachtete Adlige wie der Herzog von Saint-Simon[1] oder der Herzog von La Rochefoucauld[2] hatten gemeinsam mit bürgerlichen Erziehern der aristokratischen Elite [...] das Gesetz der höfischen Konversation entschleiert.
Nicht um Erkenntnis ging es dieser Art von Austausch, nicht um Verständigung; Spra-
5 che war hier rein instrumentell der Intrige, der je eigenen Karriere unterworfen. Unumstrittener Regent auf diesem Terrain war die Eigenliebe. Diese „vereint alle Gegensätze:

---

1 Der Herzog von Saint-Simon (1675–1755) hatte eine Stellung am Hof Ludwigs XIV. inne, war aber politisch bedeutungslos.
2 La Rochefoucauld (1613–1680) war ein französischer Schriftsteller. Er gilt als der erste der französischen Moralisten.

sie ist gebieterisch und fügsam, aufrichtig und falsch, barmherzig und grausam, zaghaft und verwegen". Sie lebt „überall und von allem, und sie lebt von nichts und findet sich in die Dinge und findet sich mit deren Mangel ab [...]"³.

Selten trifft man Leute, „die im Gespräch verständig und angenehm erscheinen", weil „es fast niemanden gibt, der nicht mehr an das dächte, was er sagen will, als daran, auf das, was man ihm sagt, treffend zu antworten"⁴. Kaum einer vermag die Mitte zu halten „zwischen einer gewissen Bequemlichkeit im Sprechen oder einer Zerstreutheit, die uns vom Gegenstand des Gesprächs weitab führt und dumme Frage stellen und schiefe Antworten geben läßt, und einer zudringlichen Aufmerksamkeit, mit der man auf jedes Wort achtet, das jemandem entschlüpft, um es aufzugreifen, damit herumzuspielen, eine geheime Bedeutung darin zu entdecken, die die anderen nicht bemerken, und Feinheiten dahinter zu suchen, bloß um mit seinem eigenen Scharfsinn zu prunken"⁵. Der Hof gleicht einem Gebäude aus Marmor: „das heißt, er ist aus harten, aber glattgeschliffenen Menschen gebildet"; der Höfling ist „Herr seiner Bewegungen, seiner Blicke, seiner Mienen; er ist undurchdringlich, unergründlich; er weiß schlimmem Tun einen angenehmen Schein zu geben"; die „ganze ausgeklügelte Kunst des Verhaltens beruht auf einem einzigen Laster, der Falschheit"⁶.

Hatten Philosophen und Pädagogen in erster Linie jene Dienste beargwöhnt, die die Sprache dem Denken leistet, ihre kognitive Funktion, so geraten im Erfahrungskreis der höfischen Konversation die kommunikativen Sprachfunktionen ins Zwielicht. Wer, Höfling unter Höflingen, kommuniziert, folgt unlauteren⁷ Motiven, und wer solche Motive hegt, kommuniziert nicht um der Kommunikation halber. Wer spricht, lügt, weil er die Sprache in der Sprache umgeht und den Willen zur Verständigung nur vortäuscht. Und wer zuhört mit der „Miene der Aufmerksamkeit", verrät mit seinen Augen, wie sich „sein Geist von dem, was man sagt, entfernt und ungeduldig dem zuwendet", was er selber sagen will.⁸

„Die Sprache ist dem Menschen gegeben, um seine Gedanken zu verbergen", lautet eine Charles Maurice de Talleyrand⁹ zugeschriebene Äußerung aus späterer Zeit. Napoleon I., in dessen Diensten er damals stand, hieß¹⁰ ihn dafür einen „Dreckhaufen in Seidenstrümpfen".
[...]

Wolfgang Engler: Lüge als Prinzip. Aufrichtigkeit im Kapitalismus. Berlin: Aufbau Verlag 2009, S. 74–75

---

3 Francois VI. de La Rochefoucauld: *Reflexionen oder moralische Sentenzen und Maximen*, hg. von Fritz Schalk, Leipzig 1962, S. 65 f.
4 Ebenda, S. 154
5 Jean de La Bruyère: *Die Charaktere oder die Sitten des Jahrhunderts*. Leipzig 1962, S. 90
6 Ebenda, S. 154
7 unaufrichtigen
8 La Rochefoucauld: *Reflexionen*, S. 17
9 frz. Staatsmann (1754–1838)
10 schimpfte

Material 2

Friedrich Schiller (1759–1805)
Don Karlos (2. Akt, 12. Auftritt) (1787)

Die Prinzessin. Herzog Alba. Domingo.

Domingo (*der den Herzog hereinführt*).
Unsre Nachricht, Herzog Alba,
Kommt hier zu spät. Die Fürstin Eboli
Entdeckt uns ein Geheimnis, das sie eben
5 Von uns erfahren sollte.
Alba. Mein Besuch
Wird dann um so viel minder sie befremden.
Ich traue m e i n e n Augen nicht. Dergleichen
Entdeckungen verlangen Weiberblicke.
10 **Prinzessin.** Sie sprechen von Entdeckungen? –
Domingo. Wir wünschten
Zu wissen, gnäd'ge Fürstin, welchen Ort,
Und welche bessre Stunde Sie –
Prinzessin. Auch das!
15 So will ich morgen Mittag Sie erwarten.
Ich habe Gründe, dieses strafbare
Geheimnis länger nicht zu bergen – es
Nicht länger mehr dem König zu entziehn.
Alba. Das war es, was mich hergeführt. Sogleich
20 Muss der Monarch es wissen. Und durch Sie,
Durch S i e, Prinzessin, muss er das. Wem sonst,
Wem sollt er lieber glauben, als der strengen,
Der wachsamen Gespielin seines Weibes?
Domingo. Wem mehr, als Ihnen, die, sobald sie will,
25 Ihn unumschränkt beherrschen kann?
Alba. Ich bin
Erklärter Feind des Prinzen.
Domingo. Eben das
Ist man gewohnt, von mir vorauszusetzen.
30 Die Fürstin Eboli ist frei. Wo w i r
Verstummen müssen, zwingen Pflichten Sie
Zu reden, Pflichten Ihres Amts. Der König
Entflieht uns nicht, wenn Ihre Winke wirken,
Und dann vollenden wir das Werk.
35 **Alba.** Doch bald,
Gleich jetzt muss das geschehn. Die Augenblicke
Sind kostbar. Jede nächste Stunde kann
Mir den Befehl zum Abmarsch bringen. –
Domingo (*sich nach einigem Überlegen zur Fürstin kehrend*).
40 Ob
Sich Briefe finden ließen? Briefe freilich,
Von dem Infanten aufgefangen, müssten
Hier Wirkung tun. – Lass sehen. – Nicht wahr? – Ja.

       Sie schlafen doch – so deucht mir – in demselben
45   Gemache mit der Königin.
       Prinzessin. Zunächst
       An diesem. – Doch was soll mir das?
       Domingo. Wer sich
       Auf Schlösser gut verstände! – Haben Sie
50   Bemerkt, wo sie den Schlüssel zur Schatulle
       Gewöhnlich zu bewahren pflegt?
       Prinzessin (*nachdenkend*). Das könnte
       Zu etwas führen. – Ja – der Schlüssel wäre
       Zu finden, denk ich. –
       [...]

Friedrich Schiller, Don Karlos. Stuttgart: Reclam 2001, S. 84–86

Lösungsvorschlag

Aufgabe 1

Analysieren Sie den Textausschnitt im Hinblick auf das, was Engler als *Gesetz der höfischen Konversation* beschreibt, sowie im Hinblick auf die Begriffe von Sprache und Kommunikation und auf das Bild des Menschen, die für Engler mit „höfischer Konversation" verbunden sind. **Erläutern** Sie abschließend, was die Bezeichnung „Dreckhaufen in Seidenstrümpfen" mit höfischer Konversation im Sinne Englers zu tun hat.

HINWEIS   Es ist wichtig, dass Sie die Aufgabenstellung genau verstehen. Beachten Sie, dass hier keine vollständige, sondern nur eine eingeschränkte Analyse des Textes verlangt wird. Machen Sie sich unbedingt die Schwerpunkte, die Sie setzen müssen, bewusst.
Verwenden Sie für die Wiedergabe des Inhalts die indirekte Rede (Konjunktiv I).

Lösungsschritte

1. Lesen Sie den Textauszug von Engler mindestens zweimal aufmerksam durch.
2. Setzen Sie sich mit der Aufgabenstellung auseinander und machen Sie sich klar, was genau von Ihnen verlangt wird.
3. Markieren Sie im Text die Passagen, die zur Lösung der Aufgabe wichtig sind, in unterschiedlichen Farben.
4. Erklären Sie die Metapher „Dreckhaufen in Seidenstrümpfen" vor dem Hintergrund des Textes.
5. Fassen Sie die Ergebnisse in einem schriftlichen Text zusammen.
6. Prüfen Sie Ihren Text im Hinblick auf sprachlichen Ausdruck und Verständlichkeit. Achten Sie dabei auf Rechtschreibung, Zeichensetzung, Grammatik und Gliederung des Textes. Überprüfen Sie die korrekte Verwendung des Konjunktivs.

Stichpunktlösung

Einleitung
- In dem Auszug aus dem Text *Lüge als Prinzip. Aufrichtigkeit im Kapitalismus* von Wolfgang Engler, erschienen 2009, geht es um die Unaufrichtigkeit und Verlogenheit der höfischen Kommunikation.

Das „Gesetz der höfischen Konversation"
- Engler behauptet, bei der höfischen Konversation stehe allein die eigene Karriere im Vordergrund (Z. 5), es gehe nicht um Erkenntnisgewinn oder Verständigung (Z. 4).
- Sprache sei daher der Intrige unterworfen, wodurch schlimme Absichten beschönigt würden (Z. 4 ff.).

Mit der höfischen Konversation verbundener Begriff von Sprache
- Die „kognitive Funktion" (Z. 25) von Sprache, d. h. die Sprache als Mittel des Ausdrucks und der Weiterentwicklung von Gedanken, tritt hinter ihrer kommunikativen Funktion zurück (Z. 25 f.).

LÖSUNG: TRAININGSAUFGABE 3

- Der „Willen zur Verständigung" (Z. 29) werde nur vorgetäuscht, Kommunizieren sei stets mit Lügen verbunden (Z. 28 f.); damit komme der Sprache die Funktion zu, wahre „Gedanken zu verbergen" (Z. 33).

Merkmale des mit der höfischen Konversation verbundenen Menschenbildes
- Eigenliebe mit all ihren Widersprüchen steht im Vordergrund (Z. 5–9).
- Selbstbezogenheit kommt in dem Ziel zum Ausdruck, durch eine gute Antwort „mit seinem eigenen Scharfsinn zu prunken" (Z. 18) und sich damit selbst zu inszenieren.
- „Falschheit", d. h. dem „schlimme[n] Tun einen angenehmen Schein zu geben" (Z. 21 f.), bildet die Grundlage der Umgangsweisen. Dies wird durch den Vergleich der Menschen am Hof mit „einem Gebäude aus Marmor" (Z. 19) verdeutlicht: Die Höflinge hätten wie der Marmor eine glatte, angenehme, aber harte, d. h. nicht angreifbare und nicht durchschaubare, Oberfläche und seien ebenso „undurchdringlich [und] unergründlich" (Z. 21).

Metapher „Dreckhaufen in Seidenstrümpfen"
- Verdeutlicht die Verschleierungsfunktion von Sprache, die unlautere Gedanken hinter angenehmen, schönen und möglicherweise schmeichelnden Worten versteckt.

Aufgabe 2

Fassen Sie den Inhalt des vorliegenden Szenenausschnitts aus *Don Karlos* **zusammen** und **überprüfen** Sie, inwieweit die Motive und das Gesprächsverhalten der Figuren dem „Gesetz der höfischen Konversation" entsprechen.

HINWEIS   Verdeutlichen Sie sich zunächst, was konkret verlangt wird, und machen Sie sich die Zweiteiligkeit der Aufgabe bewusst. Zuerst müssen Sie den Dramenausschnitt zusammenfassen und anschließend das Gesprächsverhalten der Figuren vor dem Hintergrund des Textes von Engler untersuchen.
Beachten Sie, dass Gesprächsabsichten durch sprachliche und rhetorische Mittel verborgen werden können. Vergessen Sie daher nicht, das Gesprächsverhalten der Figuren auch dahingehend zu untersuchen und sich bei der Begründung Ihrer Ausführungen darauf zu beziehen.

Lösungsschritte

1. Machen Sie sich klar, was genau in der Aufgabenstellung von Ihnen verlangt wird.
2. Lesen Sie den Text mindestens zweimal aufmerksam durch.
3. Untersuchen Sie das Gesprächsverhalten der Figuren anhand der aus dem Text herausgearbeiteten Kriterien; markieren Sie in unterschiedlichen Farben, wo Sprache zur Verdeckung von Gedanken, zur Täuschung, zur Intrige oder zur Förderung der eigenen Ziele verwendet wird.
4. Gliedern Sie Ihre Ergebnisse sinnvoll nach Schwerpunkten.
5. Fassen Sie die Ergebnisse in einem schriftlichen Text zusammen; vergessen Sie dabei die Zusammenfassung des Dramenausschnitts nicht.
6. Überarbeiten Sie Ihren Text im Hinblick auf sprachlichen Ausdruck, Verständlichkeit und Rechtschreibung.

Notizen

Stichpunktlösung

Überleitung
- In Schillers Drama *Don Karlos* geht es um einen einzigartigen Machtkampf unter Höflingen, der v. a. mit dem Mittel der Intrige ausgetragen wird. Daher eignet sich der vorliegende Szenenausschnitt, um die Aussagen Englers über die höfische Konversation zu überprüfen.

Zusammenfassung des Dramenausschnitts
- Der Textausschnitt stammt aus dem zweiten Akt, dem Akt im klassischen Drama, in dem der Konflikt seinen Höhepunkt erreicht.
- Herzog Alba und Domingo beabsichtigen, König Philipp ein vermeintliches Liebesverhältnis zwischen seinem Sohn Karlos und seiner Frau, Königin Elisabeth, zu hintertragen.
- Als Informantin wählen sie Prinzessin Eboli aus, da diese als Vertraute der Königin und Objekt des königlichen Begehrens ihrer Meinung nach am besten geeignet ist; ihr vertraut der König.
- Eboli stellt sich aus enttäuschter Liebe zu Karlos zur Verfügung, durchschaut die Intrige aber nicht.

Gesprächsverhalten der Figuren im Hinblick auf Lüge, Falschheit und Intrigen
- Domingo versucht, Eboli durch die Unterstellung („Die Fürstin Eboli/Entdeckt uns ein Geheimnis", Z. 3 f.) dazu zu bewegen, weitere Details ihres Geheimnisses zu verraten.
- Domingo und Alba zweifeln nicht am Wahrheitsgehalt des Geheimnisses von Prinzessin Eboli, obwohl es das Königspaar und Karlos kompromittiert.
- Bereitschaft, private Briefe zu stehlen („Sie schlafen doch – so deucht mir – in demselben/Gemache mit der Königin [...] Wer sich/Auf Schlösser gut verstände", Z. 44–49); hierbei macht Domingo allerdings nur Andeutungen, er formuliert seine indirekte Aufforderung, Briefe zu stehlen oder gegebenenfalls auch zu fälschen – auch nach der Nachfrage durch die Eboli (Z. 47) – nicht offen („Ob/Sich Briefe finden ließen?", Z. 40 f., und „Haben Sie/Bemerkt, wo sie den Schlüssel zur Schatulle/Gewöhnlich zu bewahren pflegt?", Z. 49–51).
- Domingo und Alba instrumentalisieren die Eboli zum Erhalt ihrer Machtposition, wobei beide diese Absicht vor der Eboli verschweigen.
- Sprachliche Mittel der Überzeugung sind die rhetorischen Fragen von Alba und Domingo mit dem anaphorischen „Wem [sonst] ..." (Z. 21 ff.), die Wiederholung des „durch S i e" (Z. 21 f.) und die anschließenden Erläuterungen, warum sie selbst nicht infrage kommen (Z. 26–32); dies wird bei den beiden Wörtern „Sie" und „wir" durch den größeren Zeichenabstand (Sperrung) betont.
- Domingo und Alba erklären die Information als eine „Pflicht" der Eboli (Z. 31 und Z. 32), die sich aus ihrer Position ergebe; verstärkt wird dies durch das Verb „zwingen" (Z. 31).

Motiv der Eigenliebe
- Eigeninteresse der Figuren steht absolut im Vordergrund.
- Eboli erläutert ihre „Entdeckungen" Domingo und Herzog Alba, weil sie sich an Karlos aus verschmähter Liebe rächen will; hierauf deutet sie hin, als sie sagt: „Ich habe Gründe, dieses strafbare/Geheimnis länger nicht zu bergen" (Z. 16 f.), sie präzisiert diese Gründe aber nicht.

- Alba und Domingo wollen Karlos zur Erhaltung bzw. Vergrößerung ihres eigenen Einflusses zurückdrängen; Domingo befürchtet, dass die Kirche bei einem größeren Einfluss von Karlos an Macht verlöre, weil für diesen im Sinne der Aufklärung der Mensch und dessen Freiheit im Vordergrund stehen; Alba befürchtet, durch den unmittelbar bevorstehenden Abmarsch nach Flandern (Z. 35–38) seinen Einfluss am Hof zugunsten von Karlos zu verlieren.

Konzentration auf Scharfsinn eigener Antworten, Selbstdarstellung durch Sprache
- Diese Aspekte scheinen keine besondere Rolle in diesem Gespräch zu spielen.

Fazit
- Alle drei Figuren verbergen durch überlegte und wohlgesetzte Worte ihre eigentlichen Absichten und wissen sich der höfischen Sprache zu bedienen; das Bild des harten und glatten Marmors, den man nicht durchdringen kann, oder das des „Dreckhaufens in Seidenstrümpfen" ist hier absolut zutreffend.

UMGANG MIT TEXTEN (EPIK/DRAMATIK)

Trainingsaufgabe 4

Aufgabenart	vergleichende Textanalyse zweier Romanauszüge
Material	Bernhard Schlink: *Das Wochenende* (2008) Vergleichswerk: Christoph Hein: *In seiner frühen Kindheit ein Garten* (2005)
Textsorte	epische Texte: Romane
Thema	Vater-Sohn-Beziehung; Terrorismus
Niveau	Grundkurs und Leistungskurs

Aufgaben

1. Beschreiben Sie die im vorliegenden Romanausschnitt von Bernhard Schlink dargestellte Vater-Sohn-Beziehung vor dem Hintergrund der terroristischen Vergangenheit und analysieren Sie deren sprachliche und erzählerische Gestaltung.

2. Charakterisieren Sie die in Christoph Heins Roman *In seiner frühen Kindheit ein Garten* dargestellte Vater-Sohn-Beziehung und vergleichen Sie diese mit der aus dem Textauszug von Schlink.

3. Gestalten Sie einen Brief, den der Sohn aus Heins Roman noch vor seinem Tod an seinen Vater geschrieben hat und in dem er ihm mitteilt, wie er ihn erlebt. Begründen Sie abschließend Ihre Vorgehensweise.

Material

Bernhard Schlink (1944)*
Das Wochenende (2008)

Jörg, ein ehemaliger RAF-Terrorist, wird nach 20 Jahren Haft aus dem Gefängnis entlassen. Seine Schwester Christiane lädt seine Freunde für ein Wochenende in ein Landhaus ein, um Jörg den Wiedereinstieg in das Leben außerhalb des Gefängnisses zu erleichtern. Zu dem Treffen kommt auch Ferdinand, Jörgs verschollener Sohn. Er will wissen, ob sein Vater außer einer unbeteiligten Frau, einem Polizisten und einem Bankchef auch den Verbandspräsidenten erschossen habe. Das Verbrechen sei noch nicht geklärt. Jörg antwortet, er wisse es nicht mehr.

Ferdinand sah seinen Vater voller Verachtung an. „Du weißt es nicht mehr – seit wann? Wann hast du's vergessen? Oder verdrängt? Oder wann kam die Amnesie wie ein Schlag auf den Kopf und hat's, bumm, ausgelöscht? Oder kam sie gleich nach der Tat? Oder habt ihr so viel getrunken, daß ihr ihn im Nebel des Suffs ermordet habt? Ich
5 kenne sie alle, die Kinder der Frau und des Polizisten und des Bankchefs und des Prä-

sidenten. Sie wollen wissen, was du dir gedacht hast, und der Sohn des Präsidenten will endlich wissen, was du gemacht hast, was ihr gemacht habt, wer von euch seinen Vater erschossen hat. Verstehst du das?"

Jörg war unter der Verachtung seines Sohns erstarrt. Er sah ihn mit aufgerissenen Augen und halboffenem Mund an, unfähig zu denken, unfähig zu reden.

„Du bist zur Wahrheit und zur Trauer so unfähig, wie die Nazis es waren. Du bist keinen Deut besser – nicht, als du Leute ermordet hast, die dir nichts getan haben, und nicht, als du danach nicht begriffen hast, was du getan hast. Ihr habt euch über eure Elterngeneration aufgeregt, die Mörder-Generation, aber ihr seid genauso geworden. Du hättest wissen können, was es heißt, Kind von Mördern zu sein, und bist Mörder-Vater geworden, mein Mörder-Vater. So, wie du schaust und redest, tut dir nichts von dem leid, was du getan hast. Dir tut nur leid, daß die Sachen schiefgegangen sind und du gefaßt wurdest und ins Gefängnis mußtest. Dir tun nicht die anderen leid, du tust dir nur selbst leid."

Dümmlich sah Jörg in seiner Erstarrung aus. Als begreife er nicht, was ihm gesagt wurde, sondern nur, daß es furchtbar war. Es wollte ihm alle Erklärungen und Rechtfertigungen zerschlagen, wollte ihn vernichten. Und mit diesem Ankläger konnte er nicht streiten. Er sah keinen gemeinsamen Boden, auf dem er ihm begegnen, auf dem er ihn besiegen könnte. Er konnte nur hoffen, daß das furchtbare Gewitter weiterzöge. Aber er fürchtete, daß das eine falsche Hoffnung war. Daß dieses Gewitter bleiben und sich erst erschöpfen würde, wenn alles zerstört wäre. Also mußte er doch versuchen, sich zu schützen und zu wehren. Irgendwie. „Ich muß mir das nicht anhören. Ich habe für alles bezahlt."

„Da hast du recht. Du mußt dir von mir nichts anhören. Du hast dir auch nie was von mir angehört. Du kannst aufstehen und aufs Zimmer flüchten oder in den Park, und ich werde dir nicht hinterherlaufen. Aber erzähl mir nicht, daß du für alles bezahlt hast. Vierundzwanzig Jahre für vier Morde? Ist ein Leben gerade mal sechs Jahre wert? Du hast nicht bezahlt für das, was du getan hast, du hast es dir vergeben. Vermutlich schon bevor du es getan hast. Aber vergeben können nur die anderen. Die tun es nicht."

Bernhard Schlink, Das Wochenende. Zürich: Diogenes Verlag 2008, S. 158–160 (Die Rechtschreibung folgt der Quelle.)

UMGANG MIT TEXTEN (EPIK/DRAMATIK)

Lösungsvorschlag

Aufgabe 1

Beschreiben Sie die im vorliegenden Romanausschnitt von Bernhard Schlink dargestellte Vater-Sohn-Beziehung vor dem Hintergrund der terroristischen Vergangenheit und **analysieren** Sie deren sprachliche und erzählerische Gestaltung.

Lösungsschritte

1. Lesen Sie den Romanausschnitt mehrmals aufmerksam durch.
2. Vergegenwärtigen Sie sich genau die Aufgabenstellung.
3. Markieren Sie im Text Aussagen des Sohnes und des Vaters in unterschiedlichen Farben.
4. Notieren Sie sprachliche Auffälligkeiten und innere Vorgänge der beiden.
5. Anschließend skizzieren Sie knapp den inhaltlichen Handlungsablauf und den terroristischen Hintergrund; achten Sie dabei besonders auf den konkreten Aspekt der Vater-Sohn-Beziehung.
6. Notieren und erläutern Sie zentrale Textstellen, die inhaltliche Erzählgestaltung sowie gegebenenfalls die jeweiligen stilistischen Besonderheiten und Auffälligkeiten.
7. Fassen Sie die Ergebnisse in einem schriftlichen Text zusammen.
8. Kontrollieren und überarbeiten Sie Ihren Text abschließend im Hinblick auf den sprachlichen Ausdruck, die Verständlichkeit sowie Rechtschreibung und Zeichensetzung.

Ausführliche Lösung

Einleitung

Bernhard Schlink ist Jurist, Jura-Professor sogar, und war 17 Jahre lang Verfassungsrichter in Nordrhein-Westfalen. In seinem literarischen Werk, sei es in „Der Vorleser" oder eben auch in „Das Wochenende", setzt sich der Autor stets mit der moralischen und juristischen Ambivalenz politischen Handelns und persönlicher Verantwortung auseinander – es geht ihm immer wieder um Fragen ethischer Abwägungsprozesse im Wechselspiel von persönlichen Interessen und Überzeugungen einzelner Menschen sowie von gesamtgesellschaftlichen Anliegen und deren Auswirkungen auf Gruppen.

Zum historischen Hintergrund des Romans – der Terror der RAF

In seinem 2008 erschienenen Roman *Das Wochenende* wird das schon anhand der auf einer Art Familienfeier zusammengeführten Personen deutlich: Hier geht es um den Ex-Terroristen Jörg, für den die Schwester nach seiner Entlassung aus dem Gefängnis eine Zusammenkunft mit Freunden und Weggefährten organisiert. Diese bilden in relativ klischeehafter Gliederung die verschiedenen Facetten der 68er-Generation ab, die sich längst in ihren bürgerlichen Berufen und Lebensläufen eingerichtet hat: ein Journalist, ein Geschäftsmann, eine Bischöfin, ein Rechtsanwalt, eine Lehrerin usw. Sie haben mittlerweile den Glauben daran verloren, noch gesellschaftliche Veränderungen bewirken zu können. In diese Naturidylle auf dem Land bricht überraschend Jörgs Sohn ein und konfrontiert seinen Vater mit kritischen Fragen zu seiner Tat.

Die Figur des Terroristen Jörg lehnt sich an den RAF-Terroristen Christian Klar an, dessen Gnadengesuch der damalige Bundespräsident Köhler im Jahr 2007, also ein Jahr vor Erscheinen des „Wochenendes", abgelehnt hatte. Schlinks Roman knüpft an die daraufhin in der Bundesrepublik neuerlich entflammte Diskussion um den Umgang mit dem Terror der 70er-Jahre und um die Frage von Angemessenheit und Unangemessenheit politischer Gnade gegenüber den Tätern dieser Generation an.

Analyse des Textausschnitts
Der Sohn Ferdinand ist der möglicherweise wichtigste Charakter der Erzählung. Er begegnet dem Vater mit schärfsten Vorwürfen und rückt die RAF in die Nähe der SS. Dabei hält er seinem Vater in der Funktion des Anklägers nicht nur sein persönliches Schicksal und den Tod der Mutter vor, sondern auch die Klagen der RAF-Opfer und die moralische Verachtung der bürgerlichen Gesellschaft für diese Taten. Er geißelt Jörgs Verdrängung als Ausflucht: „Du weißt es nicht mehr – seit wann? Wann hast du's vergessen? Oder verdrängt? Oder wann kam die Amnesie wie ein Schlag auf den Kopf und hat's, bumm, ausgelöscht? Oder kam sie gleich nach der Tat? Oder habt ihr so viel getrunken, daß ihr ihn im Nebel des Suffs ermordet habt? Ich kenne sie alle, die Kinder der Frau und des Polizisten und des Bankchefs und des Präsidenten. Sie wollen wissen, was du dir gedacht hast, und der Sohn des Präsidenten will endlich wissen, was du gemacht hast, was ihr gemacht habt, wer von euch seinen Vater ermordet hat. Verstehst du das?" (S. 158, Z. 25; S. 159, Z. 5). Mit dem Auftritt Ferdinands gerät das bis dahin als gesellschaftliches Vexierbild angelegte Kammerspiel zum Familiendrama, was den Sohn, dessen Name an Schillers „Kabale und Liebe" gemahnt, nicht davon abhält, seine Vaterkritik als Generationenschelte zu formulieren: „Du bist zur Wahrheit und zur Trauer so unfähig, wie die Nazis es waren. Du bist keinen Deut besser – nicht, als du Leute ermordet hast, die dir nichts getan haben, und nicht, als du danach nicht begriffen hast, was du getan hast. Ihr habt euch über eure Elterngeneration aufgeregt, die Mörder-Generation, aber ihr seid genauso geworden" (S. 159, Z. 11–16).
Der Wechsel vom „du" zum „ihr" in dieser Passage ist ein zentraler Befund: Die Weitergabe der Schuld der Elterngeneration an die Kinder ist ein zentraler Gedanke in Schlinks gesamtem Werk. Die deutsche Vergangenheit erscheint im „Vorleser" wie im „Wochenende" fast schon als mythischer Schuldzusammenhang, in dem die nachgeborene Generation schicksalhaft dazu verurteilt scheint, die Schuld ihrer Eltern zu wiederholen. Das ist im aristotelischen Sinne eine Tragödie. Und tatsächlich ist Ferdinand mit seinem unerbittlichen Zorn gegen den Vater selbst in einer ideologischen Verblendung gefangen und tritt dem Älteren mit gleicher Unversöhnlichkeit entgegen wie weiland dieser der Generation der NS-Täter: „Du hättest wissen können, was es heißt, Kind von Mördern zu sein, und bist Mörder-Vater geworden, mein Mörder-Vater" (S. 159, Z. 14–16).
Der Sohn tritt in seinem Gehabe anmaßend auf – „ich kenne sie alle" (S. 159, Z. 1) –, der Vater erscheint gleichzeitig emotional und geistig tumb: „Jörg war unter der Verachtung seines Sohnes erstarrt. Er sah ihn mit aufgerissenen Augen und halboffenem Mund an, unfähig zu denken, unfähig zu reden" (S. 159, Z. 6–8). Dabei sollte man meinen, in 24 Jahren Haft habe er sich solchen Vorwürfen doch längst stellen müssen und also Antworten entwickeln können. Stattdessen heißt es: „Dümmlich sah Jörg in seiner Erstarrung aus. Als begreife er nicht, was ihm gesagt wurde, sondern nur, daß es furchtbar war" (S. 159, Z. 19–21).
Überhaupt wird der alternde Terrorist in die Rolle eines emotional fast schon Infantilen gestellt, während die Position des Sohnes assoziativ in die Nähe des Weltenrichters am Ende aller Tage gerückt wird: „Es wollte ihm alle Erklärungen und Rechtfertigungen

zerschlagen, wollte ihn vernichten. Und mit diesem Ankläger konnte er nicht streiten. Er sah keinen gemeinsamen Boden, auf dem er ihm begegnen, auf dem er ihn besiegen könnte. Er konnte nur hoffen, daß das furchtbare Gewitter weiterzöge. Aber er fürchtete, daß das eine falsche Hoffnung war. Daß dieses Gewitter bleiben und sich erst erschöpfen würde, wenn alles zerstört wäre" (S. 159, Z. 21–30).

Schlinks Sprache ist schmucklos und karg. Größere Sorgfalt legt er auf die Dialoge, in denen die Positionen der beteiligten Personen sehr thesenhaft vorgetragen werden (z. B. S. 160, Z. 2–12): „Ich muß mir das nicht anhören. Ich habe für alles bezahlt." – „Da hast du recht. Du mußt Dir von mir nichts anhören. Du hast dir auch nie was von mir angehört. […] Aber erzähl mir nicht, daß du für alles bezahlt hast. Vierundzwanzig Jahre für vier Morde? Ist ein Leben gerade mal sechs Jahre wert? Du hast nicht bezahlt für das, was du getan hast, du hast es dir vergeben. Vermutlich schon bevor du es getan hast. Aber vergeben können nur die anderen. Die tun es nicht." Oder auf S. 159, Z. 18 ff.: „Dir tut nur leid, daß die Sachen schiefgegangen sind und du gefaßt wurdest und ins Gefängnis mußtest. Dir tun nicht die anderen leid, du tust dir nur selbst leid."

Kritische Würdigung/Stellungnahme

Insgesamt ist die Ausgestaltung der beiden Figuren recht holzschnitt- und klischeehaft; sie werden nicht als individuelle Persönlichkeiten gezeigt, sondern stehen jeweils für eine Generation.

Schlinks „Wochenende" erinnert in diesen Charakterzeichnungen an den Thesenroman, in dem Handlung und Figuren nur Mittel zum intellektuellen bzw. didaktischen Zweck sind.

Das erscheint angesichts des doch sehr komplexen Themas zu wenig und zu simpel zu sein.

Aufgabe 2

Charakterisieren Sie die in Christoph Heins Roman *In seiner frühen Kindheit ein Garten* dargestellte Vater-Sohn-Beziehung und **vergleichen** Sie diese mit der aus dem Textauszug von Schlink.

HINWEIS   Bei einem Textvergleich ist es entscheidend, dass Sie die zentralen inhaltlichen sowie gegebenenfalls formalen, strukturellen und sprachlichen Merkmale beider Texte erkennen und dergestalt herausarbeiten, dass Sie diese einander sinnhaft gegenüberstellen können. Dies ermöglicht Ihnen dann den weitergehenden kritischen Vergleich der Wirkungsabsicht bzw. der Gesamtaussage der Texte.

Lösungsschritte

1. Lesen Sie den Textauszug aus Schlinks *Das Wochenende* sehr aufmerksam durch.
2. Setzen Sie sich mit der Aufgabenstellung auseinander und verdeutlichen Sie sich, was genau verlangt wird.
3. Lesen Sie den Textauszug ein weiteres Mal und markieren Sie mit unterschiedlichen Farben am Textrand inhaltliche Vorgänge sowie gegebenenfalls sprachliche Auffälligkeiten und Besonderheiten.
4. Suchen Sie entsprechende Textstellen aus Christoph Heins Roman *In seiner frühen Kindheit ein Garten*.

Notizen

5. Anschließend skizzieren Sie knapp den inhaltlichen Handlungsablauf und die Figurenkonzeption beider Werke; achten Sie dabei besonders auf den konkreten Aspekt der Vater-Sohn-Beziehungen.
6. Notieren und erläutern Sie zentrale Textstellen, die inhaltliche Erzählgestaltung sowie gegebenenfalls die jeweiligen stilistischen Besonderheiten und Auffälligkeiten.
7. Gleichen Sie die diesbezüglichen Ergebnisse aus beiden Texten miteinander ab.
8. Fassen Sie die Ergebnisse in einem schriftlichen Text zusammen.
9. Kontrollieren und überarbeiten Sie Ihren Text abschließend im Hinblick auf den sprachlichen Ausdruck, die Verständlichkeit sowie Rechtschreibung und Zeichensetzung.

Ausführliche Lösung

In seinem 2005 erschienenen Roman *In seiner frühen Kindheit ein Garten* erzählt Christoph Hein vom Vater des bei einem GSG-Zugriff getöteten RAF-Terroristen Oliver Zurek. Vermeintlich soll dieser sich selbst das Leben genommen haben, doch der Einsatz wirft einige Fragen auf und führt zu einem handfesten politischen Skandal, da der Verdacht einer gezielten Tötung, quasi einer Hinrichtung, aufkommt. Der eigentlich zutiefst bürgerliche Vater, Gymnasialdirektor Richard Zurek, beginnt, den Behörden zusehends zu misstrauen, und bemüht sich selbst darum, die Umstände aufzuklären. Zwar hat er nie mit den politischen Überzeugungen oder gar den Taten seines Sohnes übereingestimmt, doch will er nun um jeden Preis Gerechtigkeit!
Heins Roman basiert auf dem Fall des 1993 in dieser Weise zu Tode gekommenen RAF-Terroristen Wolfgang Grams.
Hein gliedert seinen Roman in drei Blöcke: Der erste spielt fünf Jahre nach dem Tode Olivers, der zweite unmittelbar nach der Tötung des Terroristen und der dritte rund 7 Monate nach den Ereignissen um seine Erschießung. Dieser ungewöhnliche zeitliche Aufbau verdeutlicht, wie schwer es den Eltern Zurek fällt, sich mit dem Tod des Sohnes abzufinden, und wie anhaltend die Bemühungen des Vaters um Gerechtigkeit für seinen toten Sohn sind. Dabei wachsen seine Zweifel gegenüber dem Rechtsstaat und sein Verständnis für den früher politisch völlig entfremdeten Sohn so sehr, dass er sich zusehends mehr von seiner staatskonformen bürgerlichen Position entfernt. Den Schluss des Romans bildet eine Rede Richard Zureks vor einigen wenigen Schülern und Lehrern in der Aula seiner alten Schule, in der er seinem Ärger über den Staat Luft macht, seinen Amtseid widerruft und sich so endgültig gegen den Staat wendet.
Gleichzeitig quält ihn das allgemeine Gefühl, „irgendwo versagt" zu haben, Richard nennt das im Gespräch mit seiner Tochter Christin, die ihrerseits in großer Distanz zu ihrem getöteten Bruder steht, das „Schuldgefühl der Überlebenden", womit Hein an Äußerungen überlebender KZ-Häftlinge gemahnt.
In der Einsicht ihrer Ohnmacht gegenüber den Geschehnissen finden die verbliebenen Zureks aber trotz der Verwerfungen zwischen ihnen bei der Beerdigung des Sohnes zusammen: „Sie sagten nichts, sie weinten nicht, sie hielten sich nur minutenlang in den Armen."

Eine ähnliche Versöhnungsszene findet sich in dem thematisch nahestehenden Roman „Das Wochenende" von Bernhard Schlink: Hier geht es um den Ex-Terroristen Jörg, für den die Schwester nach seiner Entlassung aus dem Gefängnis eine Zusammenkunft mit Freunden und Weggefährten organisiert. Diese bilden relativ klischeehaft die Vertreter der 68er-Generation ab, die den Glauben daran verloren haben, noch gesellschaftliche Veränderungen bewirken zu können, und sich längst in ihren bürgerlichen Berufen und Lebensläufen eingerichtet haben: ein Journalist, ein Geschäftsmann, eine Bischöfin, ein Rechtsanwalt, eine Lehrerin usw. Wichtigstes Ereignis des Wochenendes ist die Konfrontation zwischen dem Vater und seinem wertekonservativen Sohn, der dem Ex-Terroristen schwerste Vorwürfe macht und sein Tun mit dem der SS vergleicht. Die Vorgeschichte des Vaters belastet den Sohn hier mit einer Art Erbschuld, doch verliert die – faktisch ohnehin unmögliche – Wiedergutmachung gegenüber der situativen Versöhnung an Bedeutung, als ein sintflutartiges Unwetter hereinbricht und sich am Schluss alle Protagonisten symbolisch die Hände im Rahmen einer Eimerkette reichen.

In beiden Romanen geht es um die gesellschaftliche Erblast des RAF-Terrorismus in der Bundesrepublik Deutschland. In beiden Fällen wird die ambivalente Haltung weiter Teile der Bevölkerung in dieser Frage als Generationskonflikt abgebildet: Bei Schlink ist es die moralische Anklage des Sohnes gegen den Vater, bei Hein ist es umgekehrt die Entwicklung des Vaters von einer ablehnenden Haltung gegen den Sohn hin zu einer Annäherung an dessen Überzeugungen.
Bei Schlink tritt der Sohn mit einer gewissen ethischen Arroganz auf, die der Vater bei Hein ursprünglich auch gegenüber seinem Sohne gehabt haben muss, und beide zeigen sich gegenüber dem terroristischen Weg ihrer Bezugsperson emotional verständnislos, moralisch entsetzt und politisch ablehnend.
Und auch das Ergebnis des Konflikts ist trotz aller Unterschiede vergleichbar: Bei Schlink gibt es so etwas wie eine situative oder rein faktische Versöhnung am Schluss, bei Hein sogar eine erhebliche Annäherung des Vaters an die Ideen – oder doch zumindest Einsichten – des toten Sohnes.
Gleichzeitig liegt hier auch ein entscheidender Unterschied: Klingt in Schlinks Auflösung des Konflikts eine Art „Schwamm drüber" mit, was eine gewisse moralische Beliebigkeit zu haben scheint, kommt es bei Hein im Gegenteil zu einer Zuspitzung der krisenhaften Gesellschaftswahrnehmung seitens des Vaters, zu einer Hilflosigkeit.
In beiden Vater-Sohn-Beziehungen liegt eine längere zeitliche Trennung voneinander vor, jeweils vornehmlich durch Gefängnisaufenthalt, aber auch durch inkompatible Lebensführung. In beiden Fällen sind es nicht die Terroristen – bei Schlink der Vater, bei Hein der Sohn –, die eine echte Entwicklung durchmachen – echte Einsicht in ihre Verbrechen fehlt: Bei Hein ist der Terrorist ohnehin tot, bei Schlink ist er sozusagen durch Ermüdung geläutert. Stattdessen ist es das mehr oder minder bürgerliche Umfeld, das sich verändert – weniger bei Schlink, wo die ehemaligen Weggefährten des Terroristen, mittlerweile gesellschaftlich gesetzt, lediglich pragmatisch mit dem alten Freund und mit ihrer eigenen Vergangenheit umgehen; dafür mehr bei Hein, dessen Hauptprotagonist eine nicht unerhebliche Radikalisierung durchläuft.
Fragt man sich bei Schlink, ob der Sohn in seinen zunächst unversöhnlichen Vorwürfen gegen den Vater dessen frühere Haltung gegenüber der Vätergeneration der Nazis nicht eigentlich in gleicher Weise nachvollzieht und also auch Gefahr läuft, die gleichen Fehler zu machen wie der Vater – eine Art schicksalhafter Wiederholung der Vorgänge von Generation zu Generation –, so scheint bei Hein der Vater umgekehrt den Weg der Radikalisierung seines Sohnes nachzuvollziehen.
In beiden Fällen aber steht der Vater-Sohn-Konflikt für den gesamtgesellschaftlichen Prozess der Verarbeitung eines politischen und gesellschaftlichen Traumas, für den Umgang mit der Schuld der Generationen einander gegenüber: Ist der Vater schuld am Trauma des Sohnes? Hat der Sohn ein Recht, dem Vater diesen Vorwurf zu machen?

Notizen

Können Vater und Sohn einzeln oder gemeinsam diese Gräben überwinden? Und in welchem Verhältnis stehen faktische Schuld und ideelles Gerechtigkeitsstreben zueinander? Und welche Rolle spielt das Recht dabei?

Zurek bekommt letztlich mittelbar das von ihm angestrebte Recht: Das Landgericht Bonn weist seine Klage auf Erstattung der Beerdigungskosten zwar zurück, attestiert seinem Sohn in der (verklausulierten) Urteilsbegründung aber genau das, worauf es dem Vater eigentlich ankommt: dass sein Sohn kein Mörder gewesen sei, und auch kein Selbstmörder. Seinen Bruch mit dem Rechtsstaat kittet das nicht mehr: Zurek widerruft seinen Amtseid, tritt quasi aus der staatlichen Gesellschaft aus – das Recht hat ihm die Ungerechtigkeit nicht erträglicher gemacht!

Bei Schlink werden in dem privaten Akt der Familienfeier zwar die rechtlichen Fragen letztlich nicht gelöst, die Hände aber doch wieder zu einer Gemeinschaft gereicht – der Terrorist wird ohne Vergebung dennoch wieder in die Gesellschaft integriert – dass Gerechtigkeit durch Recht nicht wiederhergestellt werden kann, müssen Individuum und Gemeinschaft ertragen!

Vater und Sohn stehen damit in beiden Fällen in einer unauflöslichen Familienbeziehung – niemand kann sich seine Eltern oder Kinder aussuchen. Dies kann als Metapher auf eine staatlich verfasste Gesellschaft übertragen werden: Recht und Gerechtigkeit stehen in beiden Romanen als in sich unbefriedigende Konzepte da, deren Beziehung zueinander der heiklen Verbindung zwischen Vater und Sohn sehr ähnlich scheint.

Aufgabe 3

Gestalten Sie einen Brief, den der Sohn aus Heins Roman noch vor seinem Tod an seinen Vater geschrieben hat und in dem er ihm mitteilt, wie er ihn erlebt. **Begründen** Sie abschließend Ihre Vorgehensweise.

HINWEIS Bei der darstellenden Erörterung geht es darum, in Ton und Perspektive einer literarischen Figur den Gehalt eines Textes reflektierend zu erschließen und damit das eigene Text- und Problemverständnis nachzuweisen. In puncto Analyse stellt dies die gleichen Anforderungen an den Bearbeiter wie die herkömmliche Erörterung, hinsichtlich der kritischen Umsetzung stellt allerdings der zusätzliche Transfer in eine erzählende Form eine reizvolle, aber erweiterte Herausforderung dar. Die Begründung der eigenen Vorgehensweise reflektiert die dabei getroffenen Entscheidungen unter Rückbezug auf die Ergebnisse der Textanalyse.

Lösungsschritte

1. Lesen Sie den Roman (das versteht sich von selbst …).
2. Setzen Sie sich mit der Aufgabenstellung auseinander und verdeutlichen Sie sich, was genau verlangt wird.
3. Suchen Sie dafür relevante Textstellen aus Christoph Heins Roman *In seiner frühen Kindheit ein Garten* heraus (hier eignen sich u. a. besonders die Passagen aus den hinterlassenen Tagebüchern Olivers).
4. Anschließend entwerfen Sie den inhaltlichen Handlungsablauf Ihres Briefes und die Figurenkonzeption; achten Sie dabei besonders auf die Beibehaltung der Perspektive des nominellen Briefautors Oliver Zurek.
5. Begründen Sie Ihre Darstellung inhaltlich und formal.
6. Legen Sie die Ergebnisse in einem schriftlichen Text nieder.

UMGANG MIT TEXTEN (EPIK/DRAMATIK)

7. Kontrollieren und überarbeiten Sie Ihren Text abschließend im Hinblick auf den sprachlichen Ausdruck, die Verständlichkeit sowie Rechtschreibung und Zeichensetzung.

Ausführliche Lösung

Der Brief:

Mein Vater!
Welche andere Anrede könnte ich wählen? Und doch geht sie mir nicht leicht von der Hand. Vielleicht sollte ich schreiben: „Herr Lehrer"! Das bist Du immer gewesen. Du warst Gymnasiallehrer nicht nur im Gymnasium, sondern auch daheim. Du hast immer schon angeleitet, belehrt, geregelt – und bewertet! Ich werfe Dir das nicht eigentlich vor, versteh mich nicht falsch – ich denke, Du warst ein guter Vater, soweit eine Gesellschaft wie diese gute Väter hervorbringen kann. Du hast uns Kindern jene Umgebung zum Aufwachsen geboten, von der Du glaubtest, sie sei gut für uns, aber mehr noch eine, die Du für angemessen gehalten hast. Es hat stets alles ins Konzept und ins Bild gepasst. Und wo Risse in der Veranda oder Schmierer auf der weißen Tischdecke drohten, da hat Mutter gekittet und gesäubert, sie hat Streit stets vermieden. Dein Lehrplan und Lebenskonzept, Deine gesellschaftliche Ordnung, und ihre in Pflichterfüllung gipfelnde Ehe- und Mutterliebe, diese zusammen sorgten immer für ein idyllisches Heim. Bei uns konnte Widerspruch nicht über der Grasnarbe gedeihen, er musste vergraben werden.

Dennoch drängt es mich, Dir nach so langer Zeit einige Worte zukommen zu lassen, die vielleicht Erklärung für uns beide sein könnten, auch wenn eine Klärung zwischen uns nicht mehr möglich scheint. Ich verbinde keine Hoffnung mit diesem Brief: Ich erwarte kein Verständnis und schon gar keine Zustimmung Deinerseits. Dennoch, ich weiß nicht recht, warum, drängt mich eine Ahnung von Verwandtschaft zu diesen Zeilen – nicht so sehr die des Blutes, sondern eine grundlegendere: die des Charakters. Ich will darauf gleich zurückkommen.

Du magst Dich also entsinnen – vielleicht auch nicht –, wie gern ich als Kind im Garten spielte. Dabei war ich gar nicht so sehr ein Naturbursche, dass es mich stets hinausgezogen hätte. Und schließlich hätte mir dann doch kaum unser Garten reichen können, mit seinem Zaun darum herum, mit seiner ganzen Begrenztheit. Es war aber die Möglichkeit, in diesem umschlossenen Refugium Dinge zu tun, die dem Geist dieses Ortes just widersprachen, allerlei Dinge zu vergraben, quasi vor Deinen Augen und diesen eben doch verborgen, im abgeschlossenen Kreis unserer Familienidylle aus dieser austreten zu können, eben: den Widerspruch unter der Grasnarbe zu bergen, das Familienkonzept buchstäblich zu unterhöhlen – es war der Beginn subversiven Denkens und Handelns. Später habe ich in gleicher Weise meine Gedanken in meinen Tagebüchern vergraben – und meine Gefühle irgendwo in mir selbst.

Wo ich Dir meine politischen Ansichten offenbarte, hast Du nie auch nur den Hauch von Sympathie dafür aufbringen können. Das hat mich noch stärker auf mich selbst zurückgeworfen – und doch habe ich mich deshalb noch nicht wirklich abgewandt; meine Geschwister könnten Dir Ausdruck meiner inneren Ambivalenz sein: Christin lehnt meine Überzeugungen ab, wie Du, aber Heiner versteht zumindest meine Gründe, teilt sie wohl auch, bewundert mich womöglich. Ich habe eigentlich immer auf einer Schaukel gesessen, schwungvoll zwischen den intellektuellen Ausschlägen der bürgerlichen Existenz, doch stets gebunden an den Halt der Familie. Es war erst die ungerechtfertigte Haft, die mich dazu brachte loszulassen. Mein Eintritt in die RAF ist eine Konsequenz

Notizen

gewesen, die nicht eigentlich, wie Du vielleicht glauben magst, in Gerds schlechtem Einfluss auf mich oder selbst in meiner Beziehung zu Katharina begründet ist, sondern in Wahrheit in dem, was ich oben die Verwandtschaft des Charakters genannt habe, auch wenn es mir erst jüngst klar geworden ist: Es ist das, was uns, Dich und mich, letztlich womöglich doch verbindet: das grundsätzliche Streben nach Gerechtigkeit! Wir suchen sie nicht an denselben Orten – du vertraust dem System, dem Rechtsstaat, ich nicht. Du baust auf die Gerechtigkeit der Ordnung, ich glaube, in diese Ordnung muss die Gerechtigkeit erst hineingetragen werden. Du gehst den Weg der Instanzen, ich will sie zerschlagen, um einen *eigenen* Weg gehen zu können. Seitdem mir dies bewusst geworden ist, frage ich mich, ob Du, würdest Du in gleicher Weise wie ich, die Ungerechtigkeit der Gesellschaft durchleiden müssen, nicht zu den gleichen Ansichten kämest wie ich.

Das mag nun alles bedeutungslos bleiben, und doch wollte ich es Dir wenigstens dieses eine Mal geschrieben haben – dass wir in diesem Zuge unseres Charakters vielleicht doch einen gemeinsamen Grund hätten, irgendwo vergraben unter den Grasnarben jenes Gartens, den wir teilen.

In diesem Sinne – und nur in diesem – grüßt Dich zum letzten Mal
Dein Sohn

Begründung der Vorgehensweise
Ich stelle die Titelmetapher in den Mittelpunkt meiner Darstellung. *In seiner frühen Kindheit ein Garten* scheint auf den ersten Blick als Titel so weit weg vom eigentlichen Inhalt des Romans, dass es im Gegenschluss naheliegt, hierin eine grundlegendere Bedeutung zu suchen: Kindheit evoziert Unschuld, und ein Garten ausgerechnet in den Zeiten der Unschuld gemahnt an den Garten Eden. Aus diesem wiederum ist der Mensch von Gott-Vater vertrieben worden, weil er zu der Erkenntnis gelangt ist, die ihm nicht gestattet war – wohlgemerkt: vertrieben durch einen Vater, der programmatisch als „gerechter Gott" gesetzt ist und der im Neuen Testament auf die ungerechtfertigte Strafe gegen seinen Sohn hin (und nach dessen Tod) das Streben nach gerechtem Leben zur Aufgabe des „guten Menschen" macht. Die Parallelsetzung zu dieser biblischen Metaphorik mag letztlich zu weit gehen, sie ist aber erkennbar angelegt. Sie trägt für den Roman nicht etwa als heilsgeschichtliches Konzept, sehr wohl aber als moralischer Unterton. Das verstört ein wenig – Jesus, ein Terrorist? Das Gedankenspiel wäre reizvoll fortzuführen, wird aber bei Hein so weit tatsächlich gar nicht ausgeführt. Als Zufall darf eine solche Metaphorik aber bei dem Sohn eines Pfarrers wohl kaum angesehen werden! Es reicht eingedenk eines solchen Beiklangs letztlich dennoch, auf die simplere Metapher des Vergrabens zurückzugreifen und den geordneten und abgeschlossenen Raum des Gartens als ein Sinnbild der einfacheren, weil kindlichen Gesellschaftserfahrung zu verstehen. In diesem Rahmen sind Vater und Mutter die Instanzen der Gesellschaft, und in der Struktur der Familie wird eine demokratische Gewaltenteilung nicht erfahrbar, bleibt auch die Freiheit der Person womöglich hinter der Familienräson zurück. Der Sohn kann hier zwar die gute Absicht der Geborgenheit bemerken, wird aber die Beschneidung seiner Selbstbestimmtheit, ja die Missachtung seiner Meinung letztlich als Unrecht empfinden. Hat er diesen Widerspruch anfangs noch in sich vergraben, bricht er späterhin aus – zunächst nur ideell, in Überzeugungen und Worten, nachdem der Staat ihn in einem ungerechtfertigten Urteil aber faktisch selbst aus der Gesellschaft verwiesen hat, auch in Taten und Untaten. Diese Lesart der Romanfigur Oliver versuche ich in seiner Selbstreflexion mittels der Aufnahme des Gartenbildes und der Metapher des Vergrabens in den Ton des Briefes zu übertragen. Daher lege ich ihm auch das Ver-

ständnis für die Parallelen zwischen seiner Haltung und der des Vaters in den Mund. So scheint es mir möglich, aus der Perspektive des Sohnes diesem Roman gerecht zu werden, der ja fast ausschließlich die Perspektive des Vaters transportiert. Als Schlüsselbegriff steht für mich dabei das Gerechtigkeitsempfinden im Vordergrund, denn Vater Richard teilt am Ende des Romans die gerechte Empörung über das Unrecht im System mit seinem Sohn. Er teilt nicht dessen Taten oder ideologische Überzeugung! Er teilt das Verlangen nach Gerechtigkeit! Und diese wird grundlegender verstanden als die Ordnung des gesellschaftlichen Systems. Insofern ist der Vater am Ende ähnlich radikalisiert wie der Sohn. Und doch erweist sich damit als ursprüngliches Ziel des Sohnes gar nicht die Abschaffung der Ideale des Vaters, sondern deren Wahrhaftigkeit: Der idyllische Garten der Kindheit soll aus der Illusion in die Wirklichkeit überführt werden – dafür strebt Oliver die gesellschaftliche Veränderung an, zur Rückkehr in den Garten Eden, wenn man so will. Und darin liegt dann der gemeinsame moralische Nenner mit dem Vater, der später als der Sohn erkennen muss, dass dieses idyllische Refugium verloren ist. „Wo leben wir denn?", fragt er gegen Ende des Romans. Es ist auch die Frage danach, ob wir mit der Erkenntnis dieses Verlusts ohne Konsequenzen weiterleben wollen und können. Im Brief lasse ich den Sohn ausdrücklich keine Hoffnung auf Veränderung formulieren, da die Frage zu komplex ist, als dass sie mit einer romantisch revolutionären Verklärung des RAF-Terrors zu beantworten wäre. Für die darin liegende Kritik am Ansatz des Autors Hein gibt die Aufgabenstellung hier aber keinen Raum.

Notizen

UMGANG MIT TEXTEN (EPIK/DRAMATIK)

Trainingsaufgabe 5

Aufgabenart	Textanalyse; Vergleich; Erörterung
Material	Max Zweig: *Medea in Prag* (1949) Vergleichswerke: Christa Wolf: *Medea. Stimmen* (1996) Friedrich Schiller: *Don Karlos* (1787/88)
Textsorte	Drama, Roman
Thema	zwei Medea-Gestaltungen aus dem 20. Jahrhundert; kann die Welt humanisiert werden?
Niveau	Leistungskurs

Aufgaben

1. Fassen Sie zentrale Aussagen des vorliegenden Dramenausschnittes *Medea in Prag* von Max Zweig zusammen und analysieren Sie die Beziehungen der Figuren zueinander, ihre Handlungsmotive und Konflikte.

2. Zwei Gestaltungen des antiken Mythos im 20. Jahrhundert: Vergleichen Sie *Medea in Prag* von Zweig und Christa Wolfs *Medea. Stimmen* im Hinblick auf die Textgestaltung, die Figuren, die Konflikte und Zielsetzungen.

3. Kann die Welt humanisiert werden? Friedrich Schiller thematisiert in *Don Karlos* seine Humanitätsideale durch die Figur Posa. Erläutern Sie diese Humanitätsideale.
   Erörtern Sie, ob und inwieweit diese Ideale auch für eine aus den Fugen geratene Welt globaler Krisen des 21. Jahrhunderts Gültigkeit haben. Sie können auch Aspekte aus den Aufgaben 1 und 2 aufgreifen.

Material

Max Zweig (1892–1992)
Medea in Prag (1949)

Max Zweig lässt sein Drama „Medea in Prag" im kommunistischen Prag, einem totalitären und bürokratischen Staat spielen. Leila, die Tochter eines nordafrikanischen Beduinenscheichs (Stamm der Senussi), rettet den tschechischen Kriegshelden Prokop, der gegen Deutschland gekämpft hat, in der libyschen Wüste. Sie gründen eine Familie und sind glücklich miteinander. Die Familie kehrt wegen Prokops Heimweh nach Prag zurück. Leila wird von Prokops Onkel, dem einflussreichen Gerichtspräsidenten (vgl. Kreon) und dessen Familie/Umgebung stark abgelehnt, ebenso ihre Kinder, die anfangs als Zigeuner und Juden beschimpft werden. Eine Entfremdung zwischen Prokop und Leila nimmt ihren Lauf, am Ende soll Leila als unwillkommene Ausländerin ausgewiesen werden. Davor soll eine Begegnung mit den Kindern stattfinden. Hier setzt die Szene ein (Textauszug aus dem 5. Akt).

Zdenka: Du bist zu leidenschaftlich, im Glück wie im Schmerz. Du willst doch meine Hand nicht küssen? (*Sie zieht ihre Hand, die Leila an den Mund geführt hat, zurück.*)
Leila: Denn du, du verstehst, dass es außer den schlimmen Gesetzen noch ein Gesetz des Herzens gibt! Du hast ihm gehorcht und gibst mir meine Kinder wieder –
5 **Zdenka:** Es ist nicht ganz so, Leila. Ich konnte nicht alles, was ich wünschte, erreichen.
Leila (*fährt auf*): Nicht? Ich bekomme sie nicht? Treibst du dein Spiel mit meinem Unglück?
Zdenka: Du bekommst nicht beide. Nur eins. Aber eins bekommst du.
Leila: Nur eins? Und nicht beide? Und welches von beiden?
10 **Zdenka:** Du kannst es dir wählen. Das, welches du mehr liebst.
Leila: Wählen? Ich liebe sie beide gleichermaßen. Das, auf welches ich verzichte, wird immer das Geliebtere sein.
Zdenka: Sei nicht undankbar! Es ist nur gerecht, dass das eine Kind mit der Mama geht, das andere beim Vater bleibt.
15 **Leila:** Du hast noch kein Kind gehabt! Sonst würdest du nicht zu einer Mama von Gerechtigkeit reden! Mein Herz in zwei Hälften zerreißen – und die eine Hälfte hier zurücklassen!
Zdenka: Ich muss dir auch sagen, dass eine Bedingung dabei ist. Der Minister[1] hat sie gestellt. Die Kinder dürfen nicht gezwungen werden. Du nimmst nur das mit dir, das
20 freiwillig mit dir geht.
Leila: Das nennst du eine Bedingung? Dann bekomme ich sie beide! Sie werden sich beide dazu drängen, mit mir zu gehen! Das Kind, das bleiben soll, werdet ihr zwingen müssen –
Zdenka: Du nimmst die Bedingung also an? (...)
25 (*Prokop tritt ein, die beiden Kinder an der Hand haltend.*)
Leila (*schreit auf*): Omar! Amin! (*Sie will auf die Kinder zustürzen, bezwingt sich aber und bleibt stehen.*)
Prokop: Hier sind die Kinder. (*Zu Zdenka*) Sie kennt die Bedingung?
Zdenka: Ja, ja, sie hat sie akzeptiert. (*Leise*) Komm schnell heraus! Stören wir nicht das
30 Glück der armen Frau!
Leila (*die Kinder immerzu anstarrend, stammelt*): Die Kinder! meine Kinder! (...)
Omar (*sich an Prokop festhaltend*): Lass uns nicht allein mit ihr, Vati!
Prokop: Ihr bleibt jetzt bei der Mama. Wir kommen bald zurück. (*Er und Zdenka gehen ab. Die Kinder bleiben scheu an der Tür stehen.*)
35 **Leila** (*die Arme gegen sie ausstreckend*): Meine Kinder! Meine Kleinen! Ihr wisst nicht, was die bösen Menschen eurer Mama angetan haben! Sie jagen mich aus dem Land; euch, ihr Geliebten, wollten sie mir rauben! Ihr ahnt nicht, wie grausam euer leiblicher Vater an mir gehandelt hat –
Omar: Das ist nicht wahr! Vater ist gut. Er ist nicht grausam.
40 **Leila:** Ihr sollt es nicht erfahren! Ihr sollt euren Vater immer lieben und ehren! – Was drückst du dich an die Türe, Omar? Komm! Komm zu mir!
Omar: Ich weiß, was du willst.
Leila: Komm, mein Liebling! Umarme mich! Ich lechze nach einem guten Wort. Sag mir, dass du mich lieb hast!

---
1 ein Freund des Gerichtspräsidenten (des Vaters von Zdenka)

45 **Omar:** Du willst mich mit dir dorthin nehmen. Dort ist es hässlich.
Leila: Hässlich? Erinnerst du dich nicht an das schöne Haus und den kühlen Hof und den Orangenhain mit den goldenen Früchten? Und Großvater im weißen Kleid, der die bunten Märchen erzählt? In eurer Heimat ist es viel schöner als hier –
Omar: Du hast gelogen. Du hast gesagt, die Tschechen sind ein böses und feiges Volk.
50 Die Senussi[2] sind bös und hässlich.
Leila (*erstarrend*): Wer hat dir das gesagt? Hat vielleicht eure Tante Zdenka dich das gelehrt?
Omar: Tante Zdenka hat gesagt, ich soll mit dir dorthin gehen. Die anderen Tanten sagen es. Und alle Kinder sagen es.
55 **Leila:** Und du glaubst diesen abscheulichen Fratzen? Bist du nicht immer stolz darauf gewesen, ein junger Senussi zu sein?
Omar: Ich bin kein Senussi. Vater ist Tscheche. Die Senussi sind schmutzige Zigeuner. Sie stehlen und stinken.
Leila: Ich bin eine Senussi, weißt du's nicht? Bin ich schmutzig und stehle ich?
60 **Omar:** Wenn ich groß bin, werde ich Soldat. Dann nehme ich ein Gewehr und schieße die Zigeuner tot.
Leila: Schießt du auch deine Mama tot?
Omar: Alle schieße ich tot! Alle Zigeuner und Zigeunerinnen!
Leila (*ihn entsetzt anstarrend*): Wer bist du? Du bist nicht das Kind, das ich geboren
65 habe! Geh fort von mir, Wolfsbrut –
Omar: Geh selber fort zu deinen Senussi! Ich und Amin bleiben hier in Prag. (...)
Amin: Ich will auch bei Vater bleiben! Und bei Tante Zdenka und den Kindern –
Leila: Willst du deine Mama verraten? (...)
Amin: Du bist aber nicht meine Mama!
70 **Leila** (*zurücktaumelnd*): Nicht deine Mama?
Amin: Du bist eine Schwarze[3]. Tante Zdenka ist meine Mutti!
Leila: Es kann nicht sein! Allerbarmender Heiliger! Es kann nicht sein, dass auch er –
Amin: Du hast mich ihr gestohlen. Alle Zigeunerinnen stehlen Kinder.
Leila: Auch du ein tückischer Bastard? Nein, ich lasse dich nicht – (*Sie reißt ihn an*
75 *sich.*) (...)
Prokop: Was hast du mit den Kindern gemacht?
Leila (*sich aufbäumend*): Was habt ihr mit den Kindern gemacht?
Omar: Wir wollen nicht mit dir gehen. Wir bleiben bei dir, Vati.
Prokop: Die Kinder wollen nicht. Du hast es gehört. (...) Du kennst die Bedingung –
80 **Leila:** Ich erkenne keine Bedingung an! Ich will sie bedingungslos haben, alle beide!
Prokop: Ich kann sie dir nicht gegen ihren Willen geben –
Leila: So nehme ich sie mir! (*Sie reißt beide Kinder schnell an sich und schiebt sie ins Nebenzimmer.*) Farida[4], du gibst sie nicht heraus! (*Sie schließt die Tür und stellt sich vor diese, heftig ausbrechend.*) Was habt ihr mit den Kindern gemacht? Sie waren unschul-
85 dig, als sie von mir gingen! Ihr habt ihre Seelen mit Hass vergiftet! Ihr habt sie humanisiert, wie ihr es nennt! Ihre Einfalt getötet, die Mama in ihren Herzen getötet, dass sie hart werden wie ihr, unglücklich wie ihr –
Prokop: Wir haben keinen Einfluss auf sie genommen. Sie haben sich aus eigenem Willen entschieden.

---

2 Angehörige eines nordafrikanischen Berberstammes
3 auch: mit schwarzem Tuch Verschleierte
4 Dienerin Leilas

90 **Leila:** Aus eigenem Willen! Nachdem ihr ihnen beigebracht habt, sich ihres Ursprungs zu schämen, ihre Mama zu verleugnen! (...)
Prokop: Du kannst sie nicht haben.
Leila: Dann soll niemand sie haben!
Prokop: Sie schreien und weinen. (*Heftig*) Begreifst du's nicht, sie bäumen sich gegen
95 die Barbarin auf! Sie haben sich für mich entschieden und die Barbarenmutter verworfen.
Leila: Die Barbarin: ich bin es! Das Barbarenweib gibt ihre Jungen nicht heraus. (...) (*Sie reißt die Tür auf und stürzt ins Nebenzimmer. Das Folgende geschieht blitzschnell.*)
Prokop (*aufschreiend*): Wahnsinnige! Was hast du gemacht?
100 **Leila** (*totenbleich, aber ruhig*): Ich habe sie dem Leben gegeben. Ich habe sie zurückgenommen.
Prokop: Kindesmörderin! Du hast die eigenen Kinder gemordet!
Leila: Ich habe sie getötet. Du hast mich zu dem Mord getrieben. Der Mörder bist du! (...) Ich habe sie davor bewahrt, zu werden, wie ihr seid. Jetzt macht mit mir, was ihr
105 wollt! Bald bin ich dort, wo sie sind.

Aus: Lütkehaus, Ludger: Mythos Medea. Leipzig 2001, S. 236 ff.

Notizen

Lösungsvorschlag

Aufgabe 1

Fassen Sie zentrale Aussagen des vorliegenden Dramenausschnitts *Medea in Prag* von Max Zweig **zusammen** und **analysieren** Sie die Beziehungen der Figuren zueinander, ihre Handlungsmotive und Konflikte.

HINWEIS   Hier sollen Sie mit eigenen Worten kurz zentrale Inhalte des Textes zusammenfassen, sinnvoll ist hierbei eine Orientierung an der gedanklichen Struktur. Ermitteln Sie die Personen und ihre Beziehungen in ihrer Besonderheit sowie mögliche Motive und Konflikte; stellen Sie dies anschaulich und treffend auf einem angemessenen Abstraktionsniveau dar. Der Text soll systematisch erschlossen werden, ohne dass Redundanzen entstehen.

Lösungsschritte

1. Lesen Sie den Text zweimal gründlich durch.
2. Lesen Sie die Aufgabenstellung noch einmal und überlegen Sie, was genau zu tun ist, prüfen Sie die Operatoren.
3. Markieren Sie gedankliche Abschnitte, notieren Sie inhaltliche Stichworte zum Geschehen am Rand.
4. Markieren Sie Textstellen (eventuell in unterschiedlichen Farben), die etwas über die jeweiligen Personen, ihre Eigenschaften, Verhaltens- und Denkweisen und ihre Beziehungen zueinander aussagen (Leila, Prokop, Zdenka, Omar und Amin als Kinder).
5. Heben Sie die Konflikte hervor (unterstreichen/einkreisen/Stichwort am Rand).
6. Notieren Sie die wesentlichen Merkmale der Personen, ihre Beziehungen zueinander und ihre Konflikte auf Konzeptpapier und gewinnen Sie abstrahierende Aussagen.
7. Schreiben Sie nun einen zusammenhängenden Text mit passender Einleitung.
8. Überarbeiten Sie den fertigen Text im Hinblick auf methodisches Vorgehen, sprachliche Formulierungen, Fachsprache und Rechtschreibung.

Stichpunktlösung

Einleitung
- Verfasser, Titel, Textsorte, Entstehungszeit
- Thema: Die gezielte Entfremdung der Kinder von ihrer Mutter führt zu deren Verzweiflungstat, der Ermordung der Kinder. Hintergrund ist ein Konflikt zweier Kulturen, sind Fremdenfeindlichkeit und Rassismus.

Zentrale Aussagen
- Dialog Zdenka – Leila: Leila darf ihre geliebten Kinder sehen, eines darf mit ihr gehen/ausreisen, aber nur freiwillig; Leila findet das Vorgehen ungerecht, Mutterliebe nicht teilbar. Die Kinder werden ihr von Prokop gebracht.
- Dialog Leila – Omar: Abgrenzung/Abkehr Omars von seiner Mutter und Herkunft als „Senussi" (Z. 50, Z. 56 f.), er bezeichnet sie als Zigeunerin, die er als Soldat töten werde. Er will beim tschechischen Vater bleiben. Leila ist fassungslos.

- Dialog Leila – Amin: Amin sieht in Leila eine „Schwarze" (Z. 71; dunkle Hautfarbe, mit dunklem Tuch verhüllt), nicht seine Mutter. Mutter sei Zdenka, der er von der Zigeunerin Leila gestohlen wurde.
- Dialog Leila – Prokop: Leila wehrt sich gegen die Manipulation ihrer Kinder. Entfremdung, „Humanisierung" und Beschimpfung als Barbarin, also Liebesverrat ihrer Kinder und ihres Mannes. In der folgenden Eskalation tötet sie die Kinder aus Verzweiflung, bezeichnet Prokop als den eigentlichen Mörder. Leila stellt sich.

Analyse
- Zdenka (zivilisierte Tochter des Gerichtspräsidenten) und Leila (unzivilisierte Berberin) sind Konkurrentinnen wegen der Kinder, die sie beide lieben und auf unterschiedliche Weise erziehen.
- Zdenka (Cousine von Prokop) wirkt einfühlsam, rational, sachlich, macht aber mit Prokop gemeinsame Sache und erscheint somit unehrlich, nicht offen gegenüber Leila. Sie steht für Anpassung, sie fördert die Anpassung der „wilden" Kinder zu deren Wohl.
- Leila und Prokop, die Eltern von Omar und Amin, haben sich weit entfremdet. Prokop diskriminiert Leila als Barbarin/„Barbarenmutter" (Z. 95), er empfindet sich also als jemand, der den Sitten des Landes entspricht, „zivilisiert" ist. Die frühere Liebesbeziehung wird im Textausschnitt nicht mehr erkennbar.
- Der Minister (Freund von Zdenkas Vater, dem Kreon der Geschichte) steht als Instanz hinter Leilas Ausweisung und den Bedingungen für die Mitnahme der Kinder, das inszenierte Spiel.
- Zdenka ist die Tante und die neue Beziehung Prokops: „Tante Zdenka ist meine Mutti" (Z. 71).
- Leila liebt ihre Kinder, ihre Kinder lehnen sie als Fremde ab, verraten Mutter und Herkunft.
- Abwertung der Senussi (fremde Kultur) mit negativen Eigenschaften wie „bös", „hässlich" (Z. 50) belegt, weiterhin Gleichsetzung mit schmutzigen Zigeunern, die stehlen und stinken (Z. 57f.) und als Steigerung die Drohung, alle Zigeuner, d. h. auch die Mutter, zu erschießen. Diskriminierung macht also vor Verbrechen nicht Halt. Die Schwarze/Zigeunerin sei nicht die Mama (Leugnung der stärksten natürlichen Bindung), Zigeunerin habe das Kind gestohlen. Rassistische Äußerungen beider Kinder
- Kontrast zwischen Natürlichkeit der Gefühle und Herkunftsbindungen und der sich durch Rassismus artikulierenden Abkehr davon
- Prokop und Zdenka haben Leila die Kinder entfremdet, indem sie deren „Humanisierung" betrieben haben, d. h. Anpassung an Sitten des Landes im Denken und Handeln.

Konflikte/Problemstellungen
- Konflikt Leila – Prokop am Ende: „Ich habe sie getötet (...) Der Mörder bist du." (Z. 103) Verantwortlichkeit wird dargelegt.
- Kein geplanter Mord, sondern Affekthandlung Leilas
- Keine Rache, Leila will ihre Kinder retten, indem sie sie vernichtet, sie will nicht, dass sie so werden wie die seelenlosen und kalten Erwachsenen, sie sollen nicht durch Hass vergiftet werden.
- Paradox von Tod und Leben (Leben durch Tod und Tod im Leben)

- Humanisierung als Anpassung an gesellschaftliche Strukturen, Sitten des Landes verstanden – unterschiedliche Bewertung durch die einzelnen Figuren
- Fremdenfeindlichkeit und Rassismus
- Konflikt zweier Kulturen
- Zweig kritisiert Fremdenfeindlichkeit, Anpassung und autoritäre Strukturen im kommunistischen Prag der Nachkriegszeit.

Aufgabe 2

Zwei Gestaltungen des antiken Mythos im 20. Jahrhundert: **Vergleichen** Sie *Medea in Prag* von Zweig und Christa Wolfs *Medea. Stimmen* im Hinblick auf die Textgestaltung, die Figuren, die Konflikte und Zielsetzungen.

HINWEIS   Hier sollen zwei unterschiedliche Gestaltungen des Medeamythos, die beide aus dem 20. Jahrhundert stammen, miteinander verglichen werden, und zwar die Fassung im vorliegenden Text von Zweig und die von Christa Wolf (Roman wurde im Unterricht gelesen). Sie sollen die Textgestaltung, die Figuren in ihrem jeweiligen Kontext (Ort/Zeit usw.), ihre Denk- und Verhaltensweisen und ihre Konflikte darstellen und miteinander vergleichen. Dabei ist es wichtig, dass Sie die einzelnen Aspekte nach der Darstellung zueinander in Bezug setzen, also Gemeinsamkeiten und Unterschiede ermitteln. Diese sollen anschaulich formuliert und abstrahierend ausgewertet werden. Am Ende sollen Schlussfolgerungen aus dem Vergleich gezogen werden.

Lösungsschritte

1. Lesen Sie die Aufgabenstellung gründlich durch und notieren Sie stichwortartig, was gemacht werden soll.
2. Vergegenwärtigen Sie sich beide Gestaltungen (vorliegendes Material und Roman) und notieren Sie grundsätzliche Aussagen dazu.
3. Halten Sie fest, was „Mythos" und was „Medea-Gestaltung" bedeuten.
4. Legen Sie eine Tabelle mit zwei Spalten („Zweig" und „Wolf") an.
5. Füllen Sie beide Spalten der Tabelle systematisch mit Stichworten zur Textgestaltung, zu den Figuren in ihrem Kontext, ihrem Denken und Verhalten, zu Konflikten.
6. Ergänzen Sie dies durch passende Zitate.
7. Kennzeichnen Sie in der Tabelle (z. B. farblich), welche Gemeinsamkeiten und Unterschiede sich ergeben; halten Sie diese stichwortartig, auch in ihrer Wertigkeit fest.
8. Überlegen Sie, wie Sie methodisch vorgehen wollen, z. B. aspektweise und dabei vergleichend auswerten, am Ende eine zusammenfassende Auswertung.
9. Formulieren Sie eine Einleitung und schreiben Sie einen zusammenhängenden, sinnvoll strukturierten Text. Vergessen Sie die Schlussfolgerung und das Fazit nicht.
10. Überarbeiten Sie den fertigen Text im Hinblick auf methodisches Vorgehen, gedankliche Stringenz, sprachliche Formulierungen, Fachsprache und Rechtschreibung.

Stichpunktlösung

Einleitung
- Verfasser, Titel, Entstehungszeit, zentrale Thematik beider Gestaltungen des Medeamythos, eventuell auch Handlungsorte und historischer Kontext
- Mythos als Medium der Weltdeutung, der Auseinandersetzung mit der Zeit; erste literarische Fassung war die *Medea* von Euripides. Hier entstand Medeas Festlegung als die Frau, die außer Kontrolle gerät, die rächende Kindermörderin und Furie ist; diese Festlegung hat die Mehrzahl weiterer Adaptionen geprägt. Erst Christa Wolf hat dieses Bild komplett umgekehrt.

Textgestaltung
- Zweig: Drama (Auszug aus dem 5. Akt), schnelle Abfolge eher kurzer Dialoge; Regieangaben vermitteln Reaktionen und knappe Einblicke in Gefühlswelt; überwiegend klare, aber keine komplexe Gestaltung der Figuren und ihres Innenlebens/ihrer Gedanken
- Wolf: Roman, Multiperspektivität als Strukturprinzip, Achronologie, Montagetechnik, Vielstimmigkeit, Monologprinzip usw. Folge: Der Innenraum (Denken, Fühlen) der Menschen wird deutlich, auch ihr Bewusstsein von Welt und Ich, Figurenfülle, insgesamt viel größere Komplexität.

Handlungsorte
- Zweig: Prag (Nordafrika), autoritäre, staatliche Strukturen, Anpassung und Entwicklung von Feindbildern gegenüber Fremden, Rassismus, totalitärer Staat nach dem Ende des 2. Weltkrieges
- Wolf: Handlungsorte Kolchis und Korinth, Kontrast der Handlungsorte (archaische und zivilisierte Welt), Auseinandersetzung mit unterschiedlichen Wertvorstellungen (Denk- und Lebensweisen, Herrschaftssystemen, Kult usw.); eventuell Bezug zu beiden deutschen Staaten und der Suche nach einer Utopie
- Prag – Korinth: Vergleichbarkeit auf der Ebene der Machtausübung und im Verhalten Fremden gegenüber, weitere/genauere Vergleichsaspekte im Zusammenhang mit den Figuren

Figuren
- Grundsätzliches: bei Zweig handeln Leila/Medea; Zdenka/Glauke; Prokop/Jason; Minister/Kreon; Farida/Lyssa; Omar und Amin/Meidos und Pheres.
- Diesen Einzelfiguren steht bei Wolf eine große Figurenfülle gegenüber, die wesentlich mehr/komplexere Möglichkeiten menschlichen Seins darstellen (Macht, Intrige, Mitläufer, Alternative, Liebe, dargestellt u. a. durch Kreon, Akamas, Agameda, Leukon, Arinna, Oistros usw.), siehe auch Textgestaltung.
- Leila: Fremde in Prag, die ausgewiesen wird (kultureller Kontrast) und ihre geliebten Kinder mitnehmen will. Beschränkung auf Fremdheit und Diskriminierung (Barbarin, Schwarze, Zigeunerin, Diebin) und Mutter, die ihre Kinder tötet, um sie vor tödlicher Verhärtung zu bewahren (Mörderin aus Verzweiflung/Affekt). Leila nimmt am Ende die ihr zugewiesene Rolle der Barbarin ein, sie gewinnt insgesamt ihre Identität zurück.
- Medea: komplexe Person (wild, stolz, schön, selbstbewusst, neugierig, wahrheitsliebend, gerecht, Priesterin, Zauberin, Heilerin usw.), zwei Lebenswelten (Kolchis und Korinth) verhaftet. Auch sie ist fremd in Korinth, ihrerseits jedoch kein Versuch

der Anpassung. Sie wird eher aufgrund ihrer Andersartigkeit bewundert und geachtet und gleichzeitig wird sie zum Sündenbock gemacht und vertrieben, weil sie das patriarchalische Machtgefüge in Gefahr bringt durch Kenntnis von Geheimnissen und Durchschauen der Lügen. Sie kann dem Staat durch die Entdeckung des Iphinoe-Mordes gefährlich werden, man hat Angst vor ihr. Man erträgt die selbstbewusste Frau nicht.

- Gemeinsamkeiten sind die Fremdheit/Andersartigkeit der Frauen in ihrer Umgebung Korinth oder Prag, ihre Auseinandersetzung mit der „neuen" dortigen Kultur und ihre jeweilige Ausweisung/Verbannung.
- Unterschiede sind größer, da vor allem die Fremdheit von unterschiedlicher Art ist. Leila stößt auf eine Art ideologische Ablehnung des Fremden als unzivilisiert und böse. Die Haltung Medea gegenüber ist ambivalent. Medea wird einerseits bewundert, da sie frei und an Gleichheit orientiert ist, andererseits machen diese Eigenschaften und Verhaltensweisen im hierarchischen Staat Korinth Angst, deshalb wird sie von den Mächtigen abgelehnt, bekämpft und zum Sündenbock gemacht. Medea bewahrt durchgängig ihre (kulturelle) Identität, bei Leila ist es eher ein Prozess der Wiedergewinnung. Die Verbannung Medeas hat konkrete Gründe, die im Machterhalt des Königs/des hierarchischen Systems liegen, die Gründe für Leilas Ausweisung liegen nur in ihrer Herkunft/Fremdheit. Medea ermordet auch ihre Kinder nicht, die Kinder werden von der Mutter getrennt und später von den Korinthern umgebracht.
- Prokop: kaum Individualität zu erkennen, will Kinder für sich, fordert Leila als „Barbarenmutter" (Z. 95) heraus, passt sich dem Staat an, keine starke Figur
- Jason: ebenfalls keine starke Figur, Entfremdung von Medea, weil er Macht und Anpassung in Korinth nicht widerstehen kann. Er soll nämlich Glauke heiraten und König werden. Er erträgt eigene Schwäche als Mann und gegenüber Medea, einer starken Frau, nicht.
- Zdenka: freundliche, sachliche, angepasste Tschechin (Tochter des einflussreichen Gerichtspräsidenten), unehrlich/nicht offen Leila gegenüber; kümmert sich um die Kinder, erzieht sie, Gefährtin Prokops, keine Konkurrenz zwischen ihr und Leila wegen Prokop, jedoch wegen der Kinder
- Glauke: Königstochter von Korinth, Opfer des Patriarchats, trotz der angestrebten Heirat mit Jason keine Konkurrenz zwischen Glauke und Medea. Medea kommt Rolle der Freundin und Heilerin zu. Glauke hat das Trauma der Ermordung ihrer Schwester verdrängt und ist ohne Selbstbewusstsein und krank, ihr Körper erträgt die Wahrheit nicht (Geschehen um Iphinoes Tod, Verhalten der Eltern, Selbsteinschätzung). Diese Verdrängung geschieht zum Teil durch eigenes Betreiben, zum Teil wird sie jedoch von Kreon, Turon usw. zur Verdrängung getrieben, da Krankheit als Folge der Verdrängung als weniger schlimm angesehen wird als die Wahrheit und ein möglicher Machtverlust des Patriarchats. Medea beginnt Glauke zu heilen, was ein sehr schmerzhafter therapeutischer Prozess ist, in dem sie Glauke die Verdrängung aufdecken und die Wahrheit erkennen lässt. Glauke hat deswegen ein ambivalentes Verhältnis zu Medea („die Frau" – „Medea", vgl. Glaukes Stimme). Im Angesicht von Medeas Verbannung aus Korinth erkennt sie klar, dass Medea und sie selbst Opfer des Patriarchats (siehe Geheimnis) geworden sind. Ohne Hilfe von Medea wird sie in ihre Krankheit zurückfallen. Sie begeht Selbstmord (der Medea angedichtet wird). Gemeinsam mit Leila ist die Nähe zu Jason/Prokop, ansonsten ist Glauke eine völlig andere, neue Gestalt in Charakter und Bindungen.

- Kinder: völlig unterschiedliche Funktionen in beiden Texten: Meidos und Pheres spielen keine eigenständige Rolle; Omar und Amin sind von natürlichen Kindern zu Rassisten umerzogene, angepasste Kinder, der Mutter und sich selbst (?) entfremdet.

Zentrale Themen

Die Darstellung und vertiefende Erläuterung zentraler Themen/Konflikte und entsprechender Gemeinsamkeiten und Unterschiede ist wichtiger als eine Fülle von Details. Dabei sollten jedoch die folgenden Themen/Konflikte aufgegriffen werden (im Kontext des Figurenvergleichs bzw. im Ergebnis):

- Thema Kindsmord: Wolfs Humanisierung Medeas aus der Rolle der Mörderin an Stelle der tradierten Festlegung seit Euripides, Abkehr von patriarchalischen Mustern, Medea handelt nicht aus Eifersucht, vergiftet Glauke nicht (Tod Glaukes wird ihr jedoch unterstellt, genauso der Tod ihres Bruders – Sündenbock), liebt ihre Kinder, wird von ihnen getrennt. Die Kinder werden von den Korinthern getötet. – Leila hingegen tötet aus Verzweiflung, bezeichnet aber Prokop als den Mörder. Zweig bleibt dem antiken Muster verhaftet, der Mord ist jedoch kein Racheakt, Zweig entlastet Leila.
- Thema Humanisierung: Zweig kritisiert über die Figur der Leila, dass Humanisierung pervertiert wird zur Anpassung an die in sich geschlossene, sich über andere Kulturen erhebende Gesellschaft, die sich gegen alles Fremde (minderwertig, barbarisch) abgrenzt, auch gegen das Natürliche, die Mutter- und Herkunftsbindung. In dieser Gesellschaft wäre Assimilierung gewünscht, kulturelle Identität stellt ein Problem dar. Zweig zeigt Sympathie für Leila und kritisiert den totalitären Staat. Humanisierung nur mit Negativkonnotation. – In Wolfs Roman geht es um den Kampf gegen eine inhumane, patriarchalische Gesellschaft und um einen weiblichen Gegenentwurf dazu durch Autonomie, es geht insgesamt um ein modernes Frauen-, Menschen- und Gesellschaftsbild.
- Thema Fremdheit und Ausgrenzung: Es geht um Rassismus, Assimilation und kulturelle Identität bei Zweig und um Machterhalt oder Autonomie, eine hierarchische oder eine freie Gesellschaft bei Wolf. – Bei Zweig wird das Fremde („Senussi") als unterlegen, nicht zivilisiert („Barbarin") angesehen und abgewertet mit Hilfe von Vorurteilen („Zigeuner" usw.). Durch die Abgrenzung/Abwertung werden eigene Werte gestärkt. Bei Wolf wird das Fremde auch bekämpft und als unterlegen angesehen. Gründe sind jedoch ein Gefühl kultureller Überlegenheit und die Angst vor dem Machtverlust des Patriarchats in Korinth. Das Fremde wird zudem durch eine Frau verkörpert, die in ihrem Denken und Handel frei, überlegen, autonom ist. Weniger ein Kampf gegen Fremdes, sondern gegen Gefahren, die zum Machtverlust führen könnten.
- Hierarchie oder Gleichheit als Ideal
- Thema Macht: Arroganz der Macht/Angst vor Machtverlust, patriarchalische/ kapitalistische Gesellschaft (vgl. auch Figur des Akamas) und Gegenentwürfe
- Thema Sündenbock: Der Sünderbock wird erfunden, um von eigenen Fehlern abzulenken. Diese Feindbilder können bis zum Realitätsverlust führen.
- Thema Frauen- und Menschenbild
- Wolfs *Medea. Stimmen* ist ein kompletter Gegenentwurf zur literarischen Urfassung von Euripides. Persönliche Autonomie, die Abkehr von Hierarchien in der Gesellschaft und die Suche nach einer humanen Welt sind zentrale Themen, die auch auf den Entstehungskontext bezogen werden können. Überschneidungen mit Zweigs

Medea in Prag sind vorhanden. Auch Zweig kritisiert die Gesellschaft seiner Zeit, mit Blick auf Medea selbst bleibt er aber der literarischen Tradition verhaftet.

Aufgabe 3

Kann die Welt humanisiert werden? Friedrich Schiller thematisiert in *Don Karlos* seine Humanitätsideale durch die Figur Posa. **Erläutern** Sie diese Humanitätsideale. **Erörtern** Sie, ob und inwieweit diese Ideale auch für eine aus den Fugen geratene Welt globaler Krisen des 21. Jahrhunderts Gültigkeit haben. Sie können auch Aspekte aus den Aufgaben 1 und 2 aufgreifen.

HINWEIS   Es wird hier erwartet, dass Sie Schillers Humanitätsideale, die Posa in *Don Karlos* vertritt, kurz erläutern und in den historischen Kontext einordnen. In der anschließenden Erörterung sollen Sie eigene Gedanken zur Problemstellung entwickeln: Welche globalen Krisen sehen Sie? Sind die Humanitätsideale aus *Don Karlos* auf Problemstellungen/Krisen der Gegenwart anwendbar, teilweise oder gar nicht anwendbar? Sind Ergänzungen nötig? Hier wird ein eigenständiges und begründetes Urteil erwartet, das sich aus einer abwägenden Auseinandersetzung ergibt. Sie können dabei Aspekte aus den vorangegangenen Aufgaben/literarischen Texten aufgreifen und eigene Schwerpunkte im gegebenen Rahmen selbst wählen.

Lösungsschritte

1. Lesen Sie die Aufgabenstellung sorgfältig durch und überprüfen Sie, was genau erwartet wird.
2. Notieren Sie Stichpunkte dazu, was unter Schillers Humanitätsidealen in *Don Karlos* zu verstehen ist, wer sie vertritt, wer sie begrenzt und in welchem historischen Kontext sie stehen.
3. Sie können hier Humanitätsvorstellungen aus den vorangegangenen Aufgaben 1 und 2 ergänzen (nicht verpflichtend).
4. Definieren Sie, was Humanitätsideale (z. B. Gedankenfreiheit oder Menschenglück) zu Schillers Zeiten und für uns heute bedeuten, und überprüfen Sie, inwieweit diese verwirklicht werden konnten und können.
5. Notieren Sie stichwortartig, welche globalen Krisen in unserer Gegenwart im 21. Jahrhundert zu bewältigen sind, treffen Sie eine mögliche Auswahl.
6. Überprüfen Sie, ob Schillers Humanitätsideale zur Lösung der Krisen beitragen können und wo Grenzen gesetzt sind.
7. Schreiben Sie aus Ihren Stichworten einen zusammenhängenden Text, der sachgerecht strukturiert ist und eigene Schlussfolgerungen enthält sowie die eigene Position verdeutlicht zum Thema: Kann die Welt humanisiert werden?
8. Überarbeiten Sie den fertigen Text auf sprachliche Formulierungen und Rechtschreibung.

Stichpunktlösung

- Einleitung, aus der der Bearbeitungsprozess/Lösungsweg hervorgeht
- Schillers Humanitätsideale in *Don Karlos* machen sich überwiegend an der Figur Posas aber auch an der der Königin fest: z. B. Freiheit/Gedankenfreiheit; Glück (Bürger- und Menschenglück); Gleichheit, Brüderlichkeit, Toleranz, Menschlichkeit

(Textverweise/Textbezüge z. B. V. 515–518, V. 1007 f., V. 3126–3130, V. 3150 f., V. 3196–98, V. 3213 f., V. 3239–3252).
- Erläuterung: „Freiheit/Gedankenfreiheit" bedeuten beispielsweise Befreiung von Unterdrückung durch despotische Herrscher, Recht auf freie Meinungsäußerung und Religion, persönliche Freiheit, nach eigenen moralischen Vorstellungen zu leben. „Menschenglück/Bürgerglück" bedeuten, dass der Mensch Herr seiner selbst ist (Selbstbestimmung), ihm Rechte gewährt werden und Würde.
- In *Don Karlos* werden die Humanitätsideale am Beispiel des Freiheitskampfes der Niederlande gegen König Philipp von Spanien verdeutlicht. Schillers Drama *Don Karlos* spielt 1568, es entstand in den Jahren 1783 bis 1787, also nach Schillers Flucht aus Württemberg und im Vorfeld der Französischen Revolution.
- Beispiele für globale Krisen:
    - Freiheitskämpfe in der (arabischen) Welt
    - Kampf der Kulturen
    - Migration/Ausländerproblematik
    - wirtschaftliche Krisen (Macht der Konzerne und Banken)
    - soziale Krisen (Wohlstandsgefälle/Armut/Arbeitslosigkeit/inhumane Arbeitswelt)
    - ökologische Krisen (Ausbeutung natürlicher Ressourcen/Klimawandel/Kernenergie)
- Gültigkeit/Übertragbarkeit von Schillers (Wolfs, Zweigs) Idealen auf die heutige Zeit kann fraglos mit Ja beantwortet werden. Aber die Vielschichtigkeit, Komplexität und globale (statt lokaler/nationaler) Bedeutung von Problemen und deren Verzahnung verlangen zum Teil eine neue Bewertung/zeitbezogene Ausrichtung dieser Ideale.
- Beispiel: Das Ideal der „politischen Freiheit" ist heute noch gültig und in der westlichen Welt überwiegend erfüllt. In anderen Teilen der Welt (z. B. arabische Länder) wird darum gekämpft. Das Ideal hat globale Gültigkeit.
- Beispiel: Das Ideal der „individuellen Freiheit" (Selbstbestimmung/Selbstverwirklichung) ist heute nicht unumstritten. Gibt es Grenzen in der Umsetzung dieses Ideals? Wer verwirklicht sich heute auf wessen Kosten? Reiche Länder auf Kosten von armen Ländern? Konzerne/Banken auf Kosten von Individuen und dem Gemeinwesen? Erfordert individuelle Freiheit heute, global gedacht, nicht auch ihr Gegenteil, nämlich Einschränkung und Verzicht?
- Beispiel: Für uns gehört zum Ideal „Menschenglück", ergänzend zu Schillers Vorstellung von einem würdevollen Leben, heute auch Wohlstand. Kann die ungerechte Verteilung von Wohlstand (als Ursache und Ausdruck sozialer und wirtschaftlicher Krisen) überwunden werden? Oder ist diese Vorstellung so utopisch, dass man das gegenwärtige Ideal vom „Menschenglück" aufgeben bzw. neu definieren müsste?
- Beispiel: „Gleichheit" bedeutet Gleichwertigkeit z. B. von unterschiedlichen Geschlechtern, Kulturen, Religionen und Weltanschauungen. Obwohl gerade die Umsetzung und Akzeptanz dieses Ideals zur Humanisierung der Welt bzw. zur Lösung globaler Krisen in großem Maße beitragen könnte, erscheint es besonders strittig. Hier lassen sich gut reflektierte Bezüge zu Zweig, Wolf, aber auch zur eigenen Lebenserfahrung herstellen.
- Beispiel: „Brüderlichkeit" bedeutet u. a. Solidarität, ein Gefühl der Mitmenschlichkeit, das in der globalen Welt, besonders in Krisensituationen (vgl. Katastrophen in Japan), nicht nur die eigene Nation, sondern auch fremde Völker umfasst. Auf-

grund seiner inzwischen wohl weltweiten Gültigkeit erscheint auch dieses Ideal besonders geeignet, die Humanisierung der Welt zu fördern, z. B. durch die gemeinsame Lösung ökologischer Krisen.
- Die Frage nach der Gültigkeit der Humanitätsideale sollte insgesamt, auf den jeweiligen Kontext bezogen, differenziert beurteilt werden. Es müssen nicht alle Ideale Gegenstand der Beurteilung werden.
- Zur Frage, ob die Welt humanisiert werden kann oder nicht oder auch teilweise, sollten Sie ein sich aus der Argumentation ergebendes Urteil/Ergebnis schlüssig formulieren.
- Eine Lösung der Aufgabe kann nicht vorweggenommen werden, eine ernsthafte Auseinandersetzung mit der Problemstellung ist höher zu bewerten als die Aufzählung vieler Aspekte.
- Ein persönlicher Standpunkt muss deutlich werden.

Notizen

UMGANG MIT TEXTEN (LYRIK)

Trainingsaufgabe 6

Aufgabenart	Gedichtinterpretation; Gedichtvergleich; Verfassen eines literarischen Textes
Material	Novalis: *Es färbte sich die Wiese grün* (1800) Bertolt Brecht: *Über das Frühjahr* (1928)
Textsorte	Gedicht
Thema	Naturdarstellung; Frühling; Romantik; 20. Jahrhundert
Niveau	Grundkurs

Aufgaben

1. Interpretieren Sie das Gedicht von Novalis *Es färbte sich die Wiese grün* (Material 1), indem Sie insbesondere die Epochenmerkmale der Romantik berücksichtigen.

2. Interpretieren Sie Brechts Gedicht *Über das Frühjahr* (Material 2) und vergleichen Sie es mit Novalis' Gedicht.

3. Wie würden Sie heute Ihre Frühlingswahrnehmung ausdrücken? Gestalten Sie dazu einen literarischen Text und begründen Sie Ihren Entwurf.

Material 1

Novalis (1772–1801)
Es färbte sich die Wiese grün (1800)

Es färbte sich die Wiese grün
Und um die Hecken sah ich blühn,
Tagtäglich sah ich neue Kräuter,
Mild war die Luft, der Himmel heiter.
5 Ich wußte nicht, wie mir geschah,
Und wie das wurde, was ich sah.

Und immer dunkler ward der Wald
Auch bunter Sänger Aufenthalt,
Es drang mir bald auf allen Wegen
10 Ihr Klang in süßen Duft entgegen.
Ich wußte nicht, wie mir geschah,
Und wie das wurde, was ich sah.

Es quoll und trieb nun überall
Mit Leben, Farben, Duft und Schall,
15 Sie schienen gern sich zu vereinen,

Notizen

Daß alles möchte lieblich scheinen.
Ich wußte nicht, wie mir geschah,
Und wie das wurde, was ich sah.

So dacht ich: ist ein Geist erwacht,
20 Der alles so lebendig macht
Und der mit tausend schönen Waren
Und Blüten sich will offenbaren?
Ich wußte nicht, wie mir geschah,
Und wie das wurde, was ich sah.

25 Vielleicht beginnt ein neues Reich -
Der lockre Staub wird zum Gesträuch
Der Baum nimmt tierische Gebärden
Das Tier soll gar zum Menschen werden.
Ich wußte nicht, wie mir geschah,
30 Und wie das wurde, was ich sah.

Wie ich so stand und bei mir sann,
Ein mächtger Trieb in mir begann.
Ein freundlich Mädchen kam gegangen
Und nahm mir jeden Sinn gefangen.
35 Ich wußte nicht, wie mir geschah,
Und wie das wurde, was ich sah.

Sie ging vorbei, ich grüßte sie,
Sie dankte, das vergeß ich nie -
Ich mußte ihre Hand erfassen
40 Und Sie schien gern sie mir zu lassen.
Ich wußte nicht, wie mir geschah,
Und wie das wurde, was ich sah.

Uns barg der Wald vor Sonnenschein
Das ist der Frühling fiel mir ein.
45 Kurzum, ich sah, daß jetzt auf Erden
Die Menschen sollten Götter werden.
Nun wußt ich wohl, wie mir geschah,
Und wie das wurde, was ich sah.

Novalis: Gedichte. Die Lehrlinge zu Sais, Stuttgart 1984, S. 170 f. (Die Rechtschreibung entspricht der Textvorlage.)

Material 2

Bertolt Brecht (1889–1956)
Über das Frühjahr (1928)

Lange bevor
Wir uns stürzten auf Erdöl, Eisen und Ammoniak[1]
Gab es in jedem Jahr
Die Zeit der unaufhaltsam und heftig grünenden Bäume.
5   Wir alle erinnern uns
Verlängerter Tage
Helleren Himmels
Änderung der Luft
Des gewiß kommenden Frühjahrs.
10 Noch lesen wir in Büchern
Von dieser gefeierten Jahreszeit
Und doch sind schon lange
Nicht mehr gesichtet worden über unseren Städten
Die berühmten Schwärme der Vögel.
15 Am ehesten noch sitzend in Eisenbahnen
Fällt dem Volk das Frühjahr auf.
Die Ebenen zeigen es
In alter Deutlichkeit.
In großer Höhe freilich
20 Scheinen Stürme zu gehen:
Sie berühren nur mehr
Unsere Antennen.

Aus: Bertolt Brecht: Gesammelte Werke Bd. 8, Gedichte 1, Frankfurt: Suhrkamp Verlag 1967, S. 314 (Die Rechtschreibung entspricht der Textvorlage.)

---

1 Ammoniak ist eine stechend riechende, gasförmige Verbindung von Stickstoff und Wasserstoff.

LÖSUNG: TRAININGSAUFGABE 6   75

Lösungsvorschlag

Aufgabe 1

Interpretieren Sie das Gedicht von Novalis *Es färbte sich die Wiese grün* (Material 1), indem Sie insbesondere die Epochenmerkmale der Romantik berücksichtigen.

HINWEIS   Bei der Interpretation eines Gedichts geht es darum, den inhaltlichen Gehalt und die sprachlich-stilistische Gestaltungsweise zu erklären, auszulegen, zu deuten. Hier sollen zudem typische Merkmale der Romantik im Gedicht aufgezeigt und in die Darstellung eingebunden werden. Denken Sie daran, dass Gedichte aus Versen (= Zeilen) und Strophen (= Absätze) bestehen und im Zitat zur Markierung des Versendes ein Schrägstrich gesetzt wird.

Lösungsschritte

1. Lesen Sie das Gedicht von Novalis zweimal gründlich durch.
2. Lesen Sie die Aufgabenstellung noch einmal durch und vergegenwärtigen Sie sich, was genau verlangt wird.
3. Notieren Sie auf einem Notizblatt stichwortartig Merkmale der Epoche „Romantik".
4. Lesen Sie die einzelnen Strophen und benennen Sie am Rand in Stichworten die Themen jeder Strophe.
5. Markieren Sie mit farbigem Stift sprachlich-stilistische Besonderheiten und notieren Sie am Rand die Stilmittel. Achten Sie auf sprachliche Bilder, rhythmische Besonderheiten, Reimschema usw.
6. Arbeiten Sie mit der Liste aus Punkt 3 den Text noch einmal durch und kennzeichnen Sie die Elemente, die auf die Romantik verweisen.
7. Stellen Sie eine Hypothese auf, wie der Text gedeutet werden könnte, und machen Sie dazu in Stichworten Notizen.
8. Markieren Sie wesentliche Textstellen und überprüfen Sie, inwieweit die sprachliche Gestalt diesen Deutungsansatz unterstreicht.
9. Verfassen Sie einen zusammenhängenden Text; belegen Sie die Argumentation mit Textbeispielen und Zeilenverweisen.
10. Klären Sie resümierend, ob das Gedicht für die Epoche der Romantik typisch ist.
11. Überarbeiten Sie Ihren fertigen Text im Hinblick auf sprachlichen Ausdruck, Verständlichkeit und Rechtschreibung.

Stichpunktlösung

- Einleitungssatz: Das romantische Gedicht *Es färbte sich die Wiese grün* (1800) von Novalis thematisiert das beglückende Erleben des Frühlings- und Liebesbeginns durch ein lyrisches Ich.

Gedichtinterpretation
- Acht Strophen mit je sechs Versen, die das klare Reimschema des Paarreims (aa bb cc) aufweisen und ebenfalls regelmäßige paarweise Kadenzen (mm ww mm)
- Wiederholung der letzten beiden Verse als Kehrvers (Refrain). Leichte Variation in der letzten Strophe: Aus „Ich wußte nicht, wie mir geschah,/Und wie das wurde,

was ich sah" (V. 5 f.; V. 11 f. etc.) wird am Ende „Nun wußt ich wohl, wie mir geschah,/Und wie das wurde, was ich sah" (V. 47 f.). Das lyrische Ich hat also offensichtlich im Verlauf des Gedichts etwas dazugelernt.
- Metrum: regelmäßiger vierhebiger Jambus
- Die einzelnen Strophen thematisieren die Wahrnehmungen des lyrischen Ichs und beschreiben, wie es den Frühling (Strophe 1–4) und die erwachende Liebe (Strophe 5–8) erlebt.
- 1. Strophe: Beschreibung der ergrünenden Vegetation („Wiese", V. 1; „Hecken", V. 2; „Kräuter", V. 3) und des freundlichen Klimas (V. 4)
- Auffällige grammatikalische Struktur: Es heißt „Und um die Hecken sah ich blühn" (V. 2), ohne dass deutlich wird, was blüht. Das Blühen wird hier also vom Träger des Blühens gelöst, der Leser stolpert über diesen Satz. Dieser sprachliche Bruch kann als Ausdruck des Unvermögens des lyrischen Ichs verstanden werden, die Welt um sich herum zu begreifen bzw. zu benennen. Es sieht nur die Blüten, kann sie nicht zuordnen, spart die beabsichtigte Benennung aus. Dass es die Umwelt nicht begreifen kann, wird dann im durch Alliterationen geschmückten Kehrvers explizit: „Ich wußte nicht, wie mir geschah" (V. 5).
- Weiterer Bruch mit der Form: Unreiner Reim zwischen „Kräuter" (V. 3) und „heiter" (V. 4) unterstreicht den Eindruck der Verwirrung des lyrischen Ichs.
- 2. Strophe: Beschreibung der Eindrücke des lyrischen Ichs bei einer Wanderung durch den Wald. Es wird erklärt, dass der Wald durch das sprießende Laub „immer dunkler" (V. 7) wird. Antithetisch dazu werden aber auch die bunten Vögel (vgl. V. 8) wahrgenommen, deren Gesang in einer Synästhesie mit dem Blütenduft verschmilzt („Ihr Klang in süßen Duft", V. 10).
- „Grammatikalische Holprigkeit": „Es drang mir bald auf allen Wegen/Ihr Klang in süßen Duft entgegen" (V. 9 f.). Eigentlich erwartet der Leser mindestens einen Dativ: „im süßen Duft". Bei Novalis heißt es aber „in süßen Duft", so als ob sich der Klang in den süßen Duft hineinbewege. Die Sinne des lyrischen Ichs sind offenbar verwirrt im Rausch der Frühlingsstimmung.
- 3. Strophe: Beobachtung des fröhlichen Treibens, das alle Sinne anspricht: „Leben, Farben, Duft und Schall" (V. 14). Hier wird noch stärker von Handlungsträgern abstrahiert, als es schon in Vers 2 zu beobachten war. Das Ich bleibt außenstehender Beobachter des Treibens („Sie schienen gern sich zu vereinen", V. 15).
- „Grammatikalischer Stolperstein": „Daß alles möchte lieblich scheinen" (V. 16). Die einleitende Konjunktion „daß" (= damit) gibt dem Satz eine finale Ausrichtung, d. h., der frühlingshaften Umwelt wird eine Absicht unterstellt: Sie soll lieblich wirken, um für das lyrische Ich einen perfekten locus amoenus zu schaffen. Hier klingt ein pantheistisches Weltbild an – nicht untypisch für die Romantiker, die in der Natur den Ausdruck göttlichen Wirkens sehen. Der Leser wird allmählich ungeduldig mit dem lyrischen Ich, das (angeblich) immer noch nicht versteht, „wie [ihm] geschah" (V. 17).
- 4. Strophe: Das lyrische Ich fragt sich, ob es eine übernatürliche Kraft, einen „Geist" (V. 19) gebe, der sich in dieser Frühlingsstimmung offenbaren wolle. Dieser Geist könnte als göttlicher Geist verstanden werden.
- 5. Strophe: Der Frühling wird als Neuschöpfung wahrgenommen, in der alle irdischen Elemente aufgewertet werden. In einer Art Klimax wird geschildert, wie alles auf eine höhere Entwicklungsstufe gehoben wird, dass der „Staub" zum „Strauch" wird, der „Baum" erscheint als „Tier" und das „Tier soll gar zum Menschen werden" (V. 28).

- Offen bleibt hier, wie der Mensch selbst dann noch erhöht werden könnte. In der Transformation vom „Staub" (V. 26) „zum Menschen" (V. 28) klingt der Schöpfungsmythos aus dem Buch „Genesis" an, doch noch immer versteht das lyrische Ich nicht, was ihm passiert.
- In den folgenden Strophen Schilderung einer Verführungsszene, in der das Walten des „Geist[es]" (vgl. V. 19) seinen Höhepunkt findet. Beim Anblick eines „freundlich[en] Mädchen[s]" (V. 33) heißt es, erwache ein „mächtger Trieb" (V. 32) im lyrischen Ich, der zunächst zu einer vorsichtigen Berührung führt: „Ich mußte ihre Hand erfassen/Und Sie schien gern sie mir zu lassen" (V. 39 f.).
- Letzte Strophe: Andeutung einer Liebesszene („Uns barg der Wald vor Sonnenschein/Das ist der Frühling fiel mir ein", V. 43 f.). Diese kann als Schilderung des Sündenfalls der biblischen Schöpfungsgeschichte interpretiert werden, denn nun wird die Hybris-Fantasie des lyrischen Ichs explizit: „Die Menschen sollten Götter werden" (V. 46).
- In der Vereinigung mit der geliebten Person erlebt sich das lyrische Ich als göttlich, als über das Menschliche hinauswachsend. In der Bibel hat dieses Verlangen nach Gottgleichheit zur Vertreibung aus dem Paradies geführt. Das Gedicht hingegen endet hier.
- Das lyrische Ich hat allerdings am Ende durch die Natur- und die Liebeserfahrung offenbar durchaus eine Frucht vom „Baum der Erkenntnis" genossen: „Nun wußt ich wohl, wie mir geschah" (V. 47). Die grammatikalischen Strukturen werden zum Ende hin immer klarer, analog zum Fortschreiten der Erkenntnis des lyrischen Ichs.

Epochenzuordnung
- Typisch für die Epoche der Romantik:
  - Motiv des Wanderers, der die Natur verehrt (vgl. auch den *Taugenichts* von Eichendorff) und sie in die Sphäre der Liebe, des Geistes, des Göttlichen überhöht
  - Das von allen Konventionen losgelöste Liebeskonzept, nach dem der Liebende von einer starken Faszination geleitet wird („Und nahm mir jeden Sinn gefangen", V. 34) und sich gegen jede Vernunft auf ein Liebesabenteuer einlässt. Eine für die Romantik typische Metapher für dieses intuitive Handeln ist die Dunkelheit (hier: des Waldes, vgl. V. 7 und V. 43), die der Sonne als Symbol der Aufklärung entgegengestellt wird (vgl. V. 43). Die strenge Form des Gedichts „bändigt" die mächtige erneuernde Kraft des Frühlings.

Eigene Schwerpunkte
Wenn Sie ein Gedicht interpretieren, ist es wichtig, dass Sie nicht einfach nur alle Stilmittel, die Sie kennen, im Text suchen und aufzählen, sondern versuchen, einen Zusammenhang zwischen Inhalt und Form zu finden. Auf der anderen Seite lässt sich aber der Gehalt eines Gedichts oft nicht erschließen, wenn die sprachliche Gestaltung nicht in die Interpretation eingebunden ist, da sich Inhalte ja per se nur mit dem Mittel der Sprache kommunizieren lassen. In Gedichten ist diese oft sehr verdichtet, sodass sich aus der genauen Beobachtung der sprachlichen Gestaltung vieles herauslesen lässt. Es ist aber nicht möglich, alle Aspekte von Inhalt und Form eines Gedichts im Rahmen einer Abiturklausur auszulegen. Setzen Sie Schwerpunkte. Bei der Interpretation sollten Sie sich an den Aussagen des Textes orientieren, sehr vieles bleibt jedoch subjektiv. Wenn Sie also zu anderen als den oben genannten Schlüssen gekommen sind, heißt das nicht, dass Ihre Überlegungen falsch sind.

UMGANG MIT TEXTEN (LYRIK)

Aufgabe 2

Interpretieren Sie Brechts Gedicht *Über das Frühjahr* (Material 2) und **vergleichen** Sie es mit Novalis' Gedicht.

HINWEIS   In dieser Aufgabe sollen Sie sowohl das Brecht-Gedicht eigenständig interpretieren als auch beide Gedichte miteinander vergleichen. Nach dem Einleitungssatz können Sie entweder erst das Gedicht interpretieren und dann beide Texte miteinander vergleichen oder einen Aspekt bei Brecht interpretieren und dann in Bezug setzen zum entsprechenden Aspekt bei Novalis. Es kommt darauf an, sowohl den Inhalt als auch die sprachliche Gestaltung der Texte miteinander zu vergleichen. Am Ende sollte eine Schlussfolgerung stehen.
Beginnen Sie mit einem Vergleich der allgemeinen formalen Gestaltung der Gedichte (Reimschema, Strophenform usw.), bevor Sie die Details kontrastieren. Schon hierbei lässt sich viel über die Aussageabsicht erkennen.

Lösungsschritte

1. Lesen Sie das Gedicht von Brecht zweimal gründlich durch.
2. Lesen Sie noch einmal die Aufgabenstellung und vergegenwärtigen Sie sich, was genau verlangt wird.
3. Lesen Sie das Gedicht ein weiteres Mal und markieren Sie dabei stilistische Auffälligkeiten.
4. Notieren Sie den Inhalt in Stichworten; markieren Sie wichtige Stellen.
5. Notieren Sie am Rand die Stilmittel und ihren Bezug zum Inhalt.
6. Fertigen Sie eine Tabelle an, in der Sie die wichtigsten sprachlichen und inhaltlichen Merkmale beider Texte einander gegenüberstellen.
7. Formulieren Sie auf der Grundlage der Tabelle einen zusammenhängenden Text, der sich klar in Einleitung, Hauptteil und gut begründeter Schlussfolgerung gliedert.
8. Überarbeiten Sie Ihren Text im Hinblick auf sprachlichen Ausdruck, Verständlichkeit und Rechtschreibung.

Stichpunktlösung

- Einleitungssatz: Mit dem Gedicht *Über das Frühjahr* (1928) entwirft Bertolt Brecht eine Dystopie (eine negative Utopie) über die Entfremdung des Menschen von der Natur und der Wahrnehmung des Frühlings.

Gedichtinterpretation und -vergleich
- 22 Verse; anders als bei Novalis keine Unterteilung in Strophen; kein Reimschema, kein durchgängiges Metrum, keine gleichmäßige Verslänge, keine regelmäßige Kadenz
- Der Ordnung des romantischen Gedichts ist hier eine deutlich weniger regelmäßige Form entgegengesetzt.
- Auch der Inhalt scheint aus den Fugen geraten: Beschreibung einer Welt, deren natürliche Ordnung zerstört zu sein scheint. In der prognostizierten Wirklichkeit ist der Wechsel der Jahreszeiten nur noch im kollektiven Erinnern vorhanden: „Wir alle erinnern uns/[…] Des gewiß kommenden Frühjahrs" (V. 5 ff.).

Notizen

- Krasser Widerspruch des Titels zum Text: Während der Titel suggeriert, dass es sich um ein Frühlingsgedicht wie das von Novalis handelt, beginnt Brecht sein Gedicht nicht mit freundlichen Naturmerkmalen, sondern setzt unvermittelt mit „Erdöl, Eisen und Ammoniak" (V. 2) ein, also mit Rohstoffen, die für die Industrialisierung stehen, mit Symbolen des Schmierigen, Starren und Übelriechenden.
- Während bei Novalis der Einzelne im Zentrum steht, das lyrische Ich und sein Erleben, geht es Brecht mehr um ein gemeinschaftliches, gesellschaftliches Phänomen; er schildert aus der Wir-Perspektive.
- Brecht beschreibt seine negative Zukunftsvision im Präsens (vgl. z. B. V. 5), als ob sie schon da sei. Das, was tatsächlich gegenwärtig ist, wird im Präteritum dargestellt, als ob es nur noch in der Erinnerung existiere (vgl. V. 3 f.).
- In den ersten elf Versen geht es um das Erinnern an eine bessere Zeit, ab Vers 12 wird die prognostizierte Wirklichkeit geschildert: das Ausbleiben der Vögel in den Städten, die räumliche Entfernung des Menschen von den Naturphänomenen (V. 15 ff.). Der Blick des Lesers geht dabei von der Höhe („über unseren Städten", V. 13) über die „Ebenen" (V. 17) wieder nach oben („In großer Höhe freilich/Scheinen Stürme zu gehen", V. 19 f.).
- Stürme als positive Frühlingsboten; es wird weniger das Bedrohungspotenzial der Stürme gesehen als die befreiende Kraft, die den Menschen offenbar fehlt.
- Während das lyrische Ich bei Novalis den Frühling mit all seinen Sinnen unmittelbar wahrnimmt, kann das lyrische Wir bei Brecht von der Stimmung dieser Jahreszeit nur noch „in Büchern" (V. 10) indirekt erfahren.
- Industrialisierung und Fokussierung auf materielle Güter haben die Vögel aus dem Blickfeld der Menschen vertrieben (vgl. V. 12 ff.). Das lyrische Ich bei Novalis hingegen kann die „bunte[n] Sänger" (Material 1, V. 8) mit all seinen Sinnen erleben. Es zieht allerdings auch hinaus in den Wald, betrachtet die Welt nicht aus der Perspektive der Stadt wie das Wir bei Brecht.
- Die Menschen sehen die Anzeichen des Frühjahrs nur noch mit historischer Distanz („schon lange/Nicht mehr", V. 12 f.) oder mit räumlicher Distanz („Die Ebenen zeigen es/In alter Deutlichkeit./In großer Höhe freilich/Scheinen Stürme zu gehen", V. 17 ff.).
- Sie spüren den Frühling nicht mehr unmittelbar mit allen Sinnen, sondern nur noch technisch vermittelt („Stürme […] berühren nur mehr/Unsere Antennen", V. 20 f.), nehmen den Wechsel der Jahreszeit, wenn überhaupt, nur noch durchs Fenster wahr und nur, wenn sie sich auf Reisen begeben („sitzend in Eisenbahnen", V. 15).
- Während bei Novalis der Reisende noch ein Wanderer in den Wäldern ist, sitzt er bei Brecht in der Eisenbahn. Allein in diesem kleinen Detail wird das Ausmaß der Veränderung in der Lebenswelt des Menschen durch die Industrialisierung deutlich: Man bewegt sich schneller fort, nimmt die Welt um sich herum nur noch durch ein Zugfenster wahr. Die multisensorischen Eindrücke des Wanderers sind stark eingeschränkt.
- Der Frühling berührt die Menschen nicht mehr (vgl. V. 21 f.) wie noch bei Novalis, wo die Menschen durch den Geist des Frühjahrs verwandelt werden.
- Überhöhung der Frühlingsboten zu göttlich wirkenden Geistern bei Novalis; bei Brecht Entzauberung der Frühlingsboten, indem sie mit der zivilisatorischen Banalität kontrastiert werden
- Sehnsucht nach der echten Naturerfahrung bei Brecht, z. B. wenn er von der in der Literatur „gefeierten Jahreszeit" (V. 11) schreibt und beklagt, dass die Stürme „nur mehr" (V. 21) die Antennen berührten

Notizen

- Novalis: Situation des Menschen im Paradies
- Brecht: Geschilderte Wirklichkeit nach der Vertreibung aus dem (sehr irdischen) Frühlingsparadies; es existiert nur noch als Projektionsfläche in der Fantasie der Menschen.
- Brecht-Gedicht als Dystopie: Brecht will die Menschen schon 1928 warnen vor zu viel Entfremdung von der Natur und sie verlocken, sich auf die unmittelbare Naturerfahrung einzulassen.

Aufgabe 3

Wie würden Sie heute Ihre Frühlingswahrnehmung ausdrücken? **Gestalten** Sie dazu einen literarischen Text und **begründen** Sie Ihren Entwurf.

HINWEIS   In dieser Aufgabe können Sie die Textform (Gedicht, Dialog, Erzähltext usw.) selbst wählen. Wichtig ist, dass Sie eigenständig Ihre Frühlingswahrnehmung schildern. Dabei können z. B. Kontraste zwischen Gesellschaft, Kultur, Umwelt, Technik und Individuum thematisiert werden, Gefühle, die der Frühling in Ihnen auslöst oder in Menschen, die Sie kennen, Probleme, die damit zusammenhängen könnten. Überlegen Sie, welche sprachliche Form Sie Ihrem Text geben möchten und inwiefern Sie am bestem dem Inhalt gerecht wird. Die Stichpunktlösung entfällt hier, weil Sie völlig freie Hand haben, was die literarische Realisierung angeht.

Lösungsschritte

1. Legen Sie eine Mindmap an und sammeln Sie Assoziationen zum Thema Frühling.
2. In einer weiteren Mindmap listen Sie Assoziationen zu den Themen Störfaktoren, Gesellschaft, Umweltzerstörung usw. auf.
3. Überlegen Sie, welchen Zusammenhang es zwischen den beiden Mindmaps geben könnte.
4. Überlegen Sie, in welche sprachliche Form Sie diese Gedanken bringen wollen.
5. Verfassen Sie einen zusammenhängenden Text.
6. Überarbeiten Sie Ihren Text im Hinblick auf sprachlichen Ausdruck und Rechtschreibung.

Trainingsaufgabe 7

Aufgabenart	vergleichende Analyse von Sachtexten
Material	Johann Gottfried Herder: *Abhandlung über den Ursprung der Sprache* (1770) Kirschner/Richter/Wagner: *Wie kam das Wort zum Menschen?* (2007)
Textsorte	Sachtext
Thema	Ursprung der Sprache
Niveau	Grundkurs

Aufgaben

1. Ordnen Sie den Textauszug aus Herders *Abhandlung über den Ursprung der Sprache* in den Gesamtzusammenhang seiner Argumentation ein und geben Sie knapp die Hauptaussagen wieder.

2. Vergleichen Sie anschließend den Text mit dem Auszug aus dem Aufsatz *Wie kam das Wort zum Menschen?* unter Berücksichtigung der grundlegenden Beweismöglichkeit der Theorie von Sprachfamilien.

Material 1

Johann Gottfried Herder (1744–1803)
Abhandlung über den Ursprung der Sprache (1770)

Drittes Naturgesetz
So wie das ganze menschliche Geschlecht unmöglich eine Herde bleiben konnte, so konnte es auch nicht eine Sprache behalten. Es wird also eine Bildung verschiedner Nationalsprachen.

5 *Im eigentlichen metaphysischen Verstande ist schon nie eine Sprache bei Mann und Weib, Vater und Sohn, Kind und Greis möglich.* Man [...] bemerke [...] die Verschiedenheit der Sprachwerkzeuge bei beiderlei Geschlecht, in der Jugend und im Alter, auch nur bei zween gleichen Menschen nach so manchen Zufällen und Einzelheiten, die den Bau dieser Organe verändern, bei so manchen Gewohnheiten, die zur zweiten Natur werden
10 usw. So wenig als es zween Menschen ganz von einerlei Gestalt und Gesichtszügen, so wenig kann es zwo Sprachen, auch nur der Aussprache nach, im Munde zweener Menschen geben, die doch nur eine Sprache wären.
Jedes Geschlecht wird in seine Sprache *Haus- und Familienton* bringen: das wird, der Aussprache nach, verschiedne Mundart.
15 Klima, Luft und Wasser, Speise und Trank, werden auf die Sprachwerkzeuge und natürlich auch auf die Sprache einfließen.
Die Sitte der Gesellschaft und die mächtige Göttin der Gewohnheit werden bald nach Gebärden und Anstand diese Eigenheiten und jene Verschiedenheiten einführen – ein

Dialekt! [...] Das war nur Aussprache. *Aber Worte* selbst, *Sinn, Seele der Sprache* – welch ein unendliches Feld von Verschiedenheiten! [...]

Je lebendiger eine Sprache, je näher sie ihrem Ursprunge und also noch in den Zeiten der Jugend und des Wachstums ist: desto veränderlicher. Ist sie nur in Büchern da, wo sie nach Regeln gelernt, nur in Wissenschaften und nicht im lebendigen Umgange gebraucht wird, wo sie ihre bestimmte Zahl von Gegenständen und von Anwendungen hat, wo also ihr Wörterbuch geschlossen, ihre Grammatik geregelt, ihre Sphäre fixiert ist – eine solche Sprache kann noch eher im Merklichen unverändert bleiben, und doch auch da nur im Merklichen. Allein eine im wilden, freien Leben, im Reich der großen, weiten Schöpfung, noch ohne förmlich geprägte Regeln, noch ohne Bücher und Buchstaben und angenommene Meisterstücke, so dürftig und unvollendet, um noch täglich bereichert werden zu müssen, und so jugendlich gelenkig, um es noch täglich auf den ersten Wink der Aufmerksamkeit, auf den ersten Befehl der Leidenschaft und Empfindung werden zu können – *sie muß sich verändern in jeder neuen Welt, die man sieht, in jeder Methode, nach der man denkt und fortdenkt.* [...]

Der Grund von dieser Verschiedenheit so naher kleiner Völker in Sprache, Denk- und Lebensart ist – gegenseitiger Familien- und Nationalhaß.

Ohne alle Verschwärzung und Verketzerung der menschlichen Natur können zween oder mehrere nahe Stämme, wenn wir uns in ihre Familiendenkart setzen, nicht anders als bald Gegenstände des Zwistes finden. Nicht bloß, daß ähnliche Bedürfnisse sie bald in einen Streit, wenn ich so sagen darf, des Hungers und Durstes verwickeln, wie sich z. E. zwo Rotten von Hirten über Brunnen und Weide zanken und nach Beschaffenheit der Weltgegenden oft sehr natürlich zanken dörfen; ein viel heißerer Funke glimmt ihr Feuer an Eifersucht, Gefühl der Ehre, Stolz auf ihr Geschlecht und ihren Vorzug. Dieselbe Familienneigung, die, in sich selbst gekehrt, Stärke der Eintracht eines Stammes gab, macht, außer sich gekehrt, gegen ein andres Geschlecht Stärke der Zwietracht, Familienhaß. Dort zogs viele zu *einem* desto fester zusammen; hier machts aus zwei Parteien gleich Feinde. Der Grund dieser Feindschaft und ewigen Kriege ist in solchem Falle mehr edle menschliche Schwachheit als niederträchtiges Laster. [...]

Wer nicht mit mir ist, ist gegen mich. Barbar und Gehässiger! Fremdling, Feind! [...]

Wer wollte mit einem solchen Feinde, dem verächtlichen Barbar, was gemein haben? Keine Familiengebräuche, kein Andenken an *einen* Ursprung und am wenigsten Sprache, da Sprache eigentlich Merkwort des Geschlechts, Band der Familie, Werkzeug des Unterrichts, Heldengesang von den Taten der Väter, und die Stimme derselben aus ihren Gräbern war. Die konnte also unmöglich einerlei bleiben, und so schuf dasselbe Familiengefühl, das eine Sprache gebildet hatte, da es Nationalhaß wurde, oft Verschiedenheit, völlige Verschiedenheit der Sprache. *Er ist Barbar, er redet eine fremde Sprache* [...].

Text zitiert nach: http://gutenberg.spiegel.de/?id=12&xid=1162&kapitel=18&cHash=9ffac797322

Material 2

Sebastian Kirschner, J. Richter, B. Wagner
Wie kam das Wort zum Menschen? (2007)

[...] „Der Mensch ist erst Mensch durch Sprache." Das ahnte bereits der Philosoph und Sprachforscher Wilhelm von Humboldt Anfang des 19. Jahrhunderts. Zu einer Zeit, als Naturwissenschaftler mit ihren Theorien über die Entstehung der Arten noch im Dunkeln tappten. [...]

5 Die Entstehung der ersten menschlichen Sprache blieb [...] lange Zeit Gegenstand von zum Teil irrwitzigen Spekulationen. [...] Schließlich wurde dem Fabulieren ein Riegel vorgeschoben: 1866 verbot die Linguistische Gesellschaft von Paris ihren Mitgliedern, weitere Diskussionsbeiträge über die Evolution der Sprache einzureichen.
[...]

10 Für den Evolutionsforscher Tecumseh Fitch von der schottischen Universität St. Andrews setzt sich unsere Sprachfertigkeit „aus vielen physiologischen und kognitiven Besonderheiten zusammen, die zu ganz verschiedenen Zeiten und dank unterschiedlicher selektiver Kräfte im Laufe der Evolution des Menschen entstanden sind".
Darunter fällt für Fitch auch die Fertigkeit des Menschen, Lautäußerungen von Artge-
15 nossen bewusst nachahmen zu können. [...]
Ein versteinertes, etwa 60 000 Jahre altes Zungenbein eines Neandertalers aus der israelischen Kebara-Höhle unterscheidet sich anatomisch kaum vom Zungenbein eines modernen Homo sapiens. Vermutlich hatte also schon der Neandertaler einen Stimmapparat, der dem des heutigen Menschen ähnlich war. [...] Sehr komplex kann ihre vokale
20 Verständigungsform aber kaum gewesen sein: Über eine Million Jahre fertigte Homo erectus Steinwerkzeuge auf die gleiche Art und Weise an – ohne Anzeichen jenes raschen kulturellen Wandels, wie er für den sprachgewandten Homo sapiens charakteristisch ist. [...]
Seine volle Sprachfähigkeit erlangte der Mensch spätestens vor etwa 100 000 Jahren,
25 als er begann, sich von Afrika aus in mehreren Wanderungswellen über die Welt zu verbreiten – denn heute spricht jedes Volk eine vergleichbar entwickelte Sprache. Zudem zeigt der Stammbaum aller Sprachfamilien große Übereinstimmungen mit dem genetisch erstellten Stammbaum der Menschheit [...]. Völker, die wenig Kontakt miteinander pflegten, entwickelten sich sowohl sprachlich als auch genetisch auf separaten
30 Wegen.
Mithilfe von genetischen Analysen, Fossilienfunden und dem Vergleich mit Menschenaffen konnten Forscher verschiedener Disziplinen in den vergangenen Jahrzehnten eine Menge Puzzleteile zusammentragen. Dennoch werden wir wohl nie erfahren, wie es sich anhörte, als zum ersten Mal Urmenschen plaudernd durch die afrikanische Savan-
35 ne liefen, geschweige denn, welche Wörter sie kannten.
Daher suchen manche Forscher lieber in der Gegenwart nach Beispielen für Entwicklungsstufen der Sprache.
Zum Beispiel anhand von sogenannten Pidginsprachen. Diese Handelssprachen entstehen beim Kontakt unterschiedlicher Volksgruppen, die keine gemeinsame Sprache
40 sprechen, etwa der Engländer und der Neuguineer.
Anfangs haben Pidgins eine äußerst primitive Struktur. Sie weisen keinen festen Satzbau auf, verzichten auf eine grammatische Flexion ebenso wie auf eingeschobene Nebensätze und reihen stattdessen Wörter zu simplen Botschaften aneinander.

Nach einer Weile jedoch bilden sich aus diesen primitiven Handelssprachen Idiome mit einer kompletten Grammatik: Das „Tbk Pisin" (wörtlich: „Talk Pidgin") in Neuguinea etwa verwendet heute zur Markierung von Adjektiven und Zahlwörtern die Endung *-pela* wie in *tri-pela pik* (drei Schweine). Die Endung *-pela* geht auf das englische Nomen *fellow* (Kerl) zurück, übernimmt aber im Laufe der Zeit eine völlig andere Funktion als die des ursprünglichen Hauptwortes.

Auf diesem Wege - Fachleute sprechen von „Grammatikalisierung" - bildet sich aus konkreten Begriffen eine neue Sammlung von Symbolen, die einer Sprache grammatische Struktur und Kontur verleihen. Egal, ob Kasus, Konjunktionen oder Pronomina: In Pidginsprachen treten sie nicht als fertige Bestandteile auf, sondern entwickeln sich stets über einen Umweg, über konkrete Begriffe des Alltags. [...]

Text zitiert nach: GeoWissen 40 (2007), S. 87-93 (Auszug)

Notizen

Lösungsvorschlag

Aufgabe 1

Ordnen Sie den Textauszug aus Herders *Abhandlung über den Ursprung der Sprache* in den Gesamtzusammenhang seiner Argumentation **ein** und **geben** Sie knapp die Hauptaussagen **wieder**.

HINWEIS   Sie sollten die These Herders über den Ursprung der Sprachen zusammenfassen, ohne auf alle Details seiner gesamten Argumentation einzugehen. Im Hinblick auf den Vergleich mit dem zweiten Sachtext muss der Fokus der Betrachtung auf der Entwicklung von verschiedenen Sprachen liegen.

Lösungsschritte

1. Lesen Sie den Text mindestens zweimal aufmerksam durch und markieren Sie wichtige Stellen oder Schlüsselwörter.
2. Arbeiten Sie die inhaltlichen Hauptaussagen heraus und notieren Sie Ihre Ergebnisse stichwortartig.
3. Markieren Sie bei einem weiteren Lesen zentrale Aussagen für spätere Zitate.
4. Machen Sie sich Notizen zum Hintergrund der Theorie; vergewissern Sie sich der Inhalte aus dem Textauszug von Herder.
5. Erstellen Sie eine Gliederung und formulieren Sie einen entsprechenden eigenen Text aus.
6. Überarbeiten Sie Ihre Ausführungen im Hinblick auf sprachlichen Ausdruck, Verständlichkeit und Rechtschreibung.

Stichpunktlösung

Einleitung und Thema

- Johann Gottfried Herders *Abhandlung über den Ursprung der Sprache* (1770) erlangte seinerzeit den ersten Preis einer öffentlichen Ausschreibung zum Thema Sprachursprung an der Königlichen Akademie der Wissenschaften. Entgegen anderen Theorien seiner Zeit argumentiert Herder gegen den göttlichen Ursprung der menschlichen Sprache und sieht in der Reflexion, die den Menschen vom Tier unterscheide, die Fähigkeit der ersten Menschen, Wörter nach Empfindungen auszubilden. Mit Wachsen der Gesellschaft und, so der vorliegende Textauszug, der Entzweiung in viele Familien seien auch viele verschiedene Sprachen entstanden.

Textzusammenhang

- Herder sieht den Ursprung der Sprache zunächst wie beim Tier in einem Ausdruck von Empfindungen. Gegenüber dem Tier habe der Mensch jedoch höhere Anforderungen in seiner Umwelt zu bewältigen (mehr „Sphäre[n]", Z. 25), sodass er auch durch die Sprache nicht nur tierische Triebe, sondern bewusste, freie Entscheidungen auslebe. Die menschliche Fähigkeit zur Reflexion ermögliche es dem Menschen auch, so Herder, sich Wörter wiederholend zu merken. Ausgehend von Sinneseindrücken, vor allem dem Hören, seien so zunächst Verben, dann Nomen und die übrigen Wortarten entstanden, die sich mit der Zeit weiterentwickelt hätten. Nachfolgende Generationen hätten – im Unterschied zum Tier – diese Wörter und dahinter stehenden Informationen von ihren Eltern und ihrer Gesellschaft übernommen, ehe sie, so der vorliegende Textauszug, durch regionale Trennung der Familien zu verschiedenen Sprachen geworden seien. Auch hier habe sodann eine Tradierung der eigenen Sprache stattgefunden, sodass schlussfolgernd zu beweisen sei, dass es keinen göttlichen Ursprung der Sprache gebe, sondern der Mensch sich die Sprache selbst erschaffen habe.

Inhalt des Textauszuges
- Erster Abschnitt: Herder benennt Beispiele aus der Verschiedenheit von Sprache bei den Geschlechtern oder in der Familie und Gesellschaft und erläutert so seine These, dass sich analog verschiedene Nationalsprachen entwickelt hätten (vgl. Z. 1–20).
- Zweiter Abschnitt: Die mündliche Sprache erfahre eine „lebendiger[e]" (Z. 21) Entwicklung als die schriftlich fixierte, da sie weniger regelhaft und dem alltäglichen Denken eher angepasst sei (vgl. Z. 21–34).
- Dritter Abschnitt: Das Hauptargument, die Schlussfolgerung aus dem bisher Gesagten: Nationalsprachen sind verschieden voneinander aufgrund eines „gegenseitige[n] Familien- und Nationalhaß[es]" (Z. 35). Unterschiedliche Bedürfnisse in den verschiedenen „Stämme[n]" (Z. 37) hätten zu Streit und Trennung der Völker geführt. Die Mitglieder jedes Volkes hätten sich dabei noch enger als zuvor miteinander verbunden gefühlt und dies und ihre Andersartigkeit ihrer Feinde auch in der Sprache zum Ausdruck gebracht. Sprache sei zum „Familiengefühl" (Z. 54) geworden in Abgrenzung zum „Barbar[en]" (Z. 48) mit einer anderen Geschichte oder Sprache.

Sprachliche Gestaltung des Textes
- Kursivsetzung wichtiger Thesen und Schlagworte im Schriftbild Herders
- Altertümliche Rede- und Schreibweise, so im Ausdruck („bei zween gleichen Menschen", Z. 8; „Verschwärzung und Verketzerung", Z. 36)
- Polemisierender Ton, emotionale Ausrufe, z.B. bei den vermeintlich wörtlichen Zitaten: „Wer nicht mit mir ist, ist gegen mich. Barbar und Gehässiger! Fremdling, Feind! [...] Er ist Barbar, er redet eine fremde Sprache." (Z. 48, Z. 55)
- Klarer Aufbau nach Beispielen, Belegen und Thesen, schlüssige Argumentation mit nachvollziehbarer Schlussfolgerung

Aufgabe 2

Vergleichen Sie anschließend den Text mit dem Auszug aus dem Aufsatz *Wie kam das Wort zum Menschen?* unter Berücksichtigung der grundlegenden Beweismöglichkeit der Theorie von Sprachfamilien.

HINWEIS   Beim Vergleich zweier Texte mit gleichem Thema ist die Entstehungszeit ein wichtiges Kriterium der Interpretation. Der moderne Text greift auf Erkenntnisse früherer Epochen zurück, kommentiert und rezensiert sie gegebenenfalls.

REFLEXION ÜBER SPRACHE

Lösungsschritte

1. Lesen Sie den Text zweimal aufmerksam durch und markieren Sie wichtige Stellen oder Schlüsselwörter.
2. Arbeiten Sie im Hinblick auf die Aufgabenstellung den Vergleichsaspekt heraus und notieren Sie Stichwörter.
3. Markieren Sie passende Zitate für die zentralen Aussagen im Text.
4. Notieren Sie eine passende Einleitung/Überleitung zur zweiten Aufgabenstellung.
5. Legen Sie eine Gliederung an.
6. Fassen Sie Ihre Ergebnisse in einem ausformulierten Text zusammen.
7. Überarbeiten Sie Ihre Ausführungen; achten Sie auf Vollständigkeit, Aufbau und sprachliche Richtigkeit.

Stichpunktlösung

Einleitung/Überleitung

- Der moderne Sachtext *Wie kam das Wort zum Menschen?* von Sebastian Kirschner und anderen aus dem Jahre 2007 stellt aus moderner sprachwissenschaftlicher Sicht die Frage nach der Sprachentwicklung verschiedener Nationalsprachen. Der populärwissenschaftliche Auszug stellt im Wesentlichen die These auf, dass man die Anfänge der menschlichen Sprache zwar nicht kenne, die gemeinsamen Sprachfamilien jedoch Rückschlüsse auf einen gemeinsamen Alltag, zum Beispiel im Handel, zuließen, und dass die verschiedenen nationalen Sprachen alle vergleichbar gut entwickelt seien.

Inhalt (vergleichend)

- Grundlegende Sprachtheorien im 19. Jahrhundert definieren Menschsein (im Vergleich zum Tier) über Sprache – so auch Herder in dieser Zeit.
- Mitte des 19. Jahrhunderts erfolgte ein wissenschaftliches Verbot von Sprachtheorien wegen zu hoher Spekulationen über den Sprachursprung. Herder schrieb rund 100 Jahre früher nicht eine der ersten oder die letzte, aber eine der bekanntesten Schriften zum Thema und arbeitete letztlich auch nicht empirisch.
- Autoritätsargument: T. Fitch sieht menschliche Sprachentwicklung in der bewussten Nachahmung von menschlichen Lauten; hier besteht eine Parallele zur Herders bewusster Lautbildung von Menschen untereinander. Beleg: „Zungenbein des Neandertalers" (Z. 16); dieser sei damals wie der Mensch heute anatomisch zum Sprechen in der Lage gewesen. Archäologische Funde wie diese waren zu Herders Zeit noch nicht bekannt oder konnten nicht entsprechend biologisch interpretiert werden.
- Kirschners Einschränkung: lange Zeit keine Entwicklung von Sprache trotz kultureller Entwicklung im Leben der Menschen (vgl. Z. 20 ff.). Herder verweist an anderer Stelle seiner Ausführungen auf die Notwendigkeit, durch viele menschliche „Sphären" auch viele verschiedene sprachliche Mittel auszuprägen. So habe eine Entwicklung von Sprache stattgefunden.
- Kirschners These: unterschiedliche Sprachen verschiedener Völker seit Auswanderung von Afrika aus, Belege: „heute spricht jedes Volk eine vergleichbar entwickelte Sprache" (Z. 26) und es gäbe Ähnlichkeiten im Sprachfamilien-Stammbaum. Im Unterschied zu Herder bei ihm kein Verweis auf konkrete Völkerwanderungen von einem Kontinent aus.

Notizen

- Beispiel: unterschiedliche Entwicklung von Sprachen bei Völkern, die wenig Kontakt zueinander gehabt hätten, „Pidginsprachen" (Z. 38) – Parallele zu Herder: Völker, die sich separierten, grenzten sich in ihrer Sprache stärker von anderen ab; geht an anderer Stelle als im Auszug auf konkrete Vokabeln, die Entstehung von Verben und den übrigen Wortarten ein.
- Schlussfolgerung: neue Entstehung nationaler Begriffe durch Bedürfnisse im Alltag – Parallele zu Herder, aber mit dem Unterschied, dass diese Ausdrücke sich dann in verschiedenen (verfeindeten) Völkern bewusst anders entwickeln würden.

Sprachliche Gestaltung
- Moderner, populärwissenschaftlicher Text, gut verständlich, wenig Fachbegriffe, überschaubarer hypotaktischer Satzbau
- Anschauliche Beispiele, so zu den „Pidginsprachen"

Gesamtdeutung (vergleichend) und Antwort auf die Frage einer grundsätzlichen Sprachtheorie
- Herder fehlten im 18. Jahrhundert noch viele Informationen über biologische oder historische Gegebenheiten, da z. B. weniger archäologische Funde vorlagen, die diese Entwicklungen erklärten.
- Schlussfolgerung Kirschners, die Sprache entwickele sich auch heute noch weiter, wird bei Herder nur auf der Ebene der Entstehung verschiedener Nationalsprachen diskutiert.
- Herders Fokus liegt auf der (einheitlichen) Ursprache, die sich danach in Nationalsprachen differenziert habe, und dies alles allein kraft des Menschen.
- Herder geht von einem anderen Antrieb, einer anderen Ursache für verschiedene Sprachfamilien aus, und zwar von der Entzweiung, dem Krieg zwischen Familien/Gesellschaften/Stämmen.
- Herder definiert keine Zusammenhänge von vergleichbaren Sprachen in Sprachfamilien, wie diese heute z. B. im Indogermanischen angenommen werden.
- Kirschners Argument der fortdauernden Sprachentwicklung wird bei Herder nicht berücksichtigt.

ANHANG

Literaturepochen im Überblick

Textgattungen im Überblick

Mittelalter

750 — althochdeutsche Literatur — 1050 — Mittelhochdeutsche Literatur — 1350

Renaissance

1350 — Renaissance — 1600

Autoren

Mittelalter:
- Hartmann von Aue
- Wolfram von Eschenbach
- Neidhart von Reuental
- Gottfried von Straßburg
- Walther von der Vogelweide

Renaissance:
- Hermann Bote
- Sebastian Brant
- Ulrich von Hutten
- Hans Sachs
- Johannes von Tepl

Epik

Mittelalter:
- **höfischer Roman** (von Aue: „Erec", „Iwein")
- **Heldenepos** („Nibelungenlied")

Renaissance:
- **Schelmenliteratur** (Bote: „Till Eulenspiegel")
- **Streitgespräch** (von Tepl: „Der Ackermann aus Böhmen")

Lyrik

Mittelalter:
- **Minnesang** (von der Vogelweide: sog. „Mädchenlieder", von Eschenbach: sog. „Tagelieder", von Reuental: sog. „Sommer- und Winterlieder")

Renaissance:
- **Spruchgedicht** (Sachs: „Die Wittenbergische Nachtigall")

Drama

Mittelalter:
- geistliches Schauspiel

Renaissance:
- **Fastnachtsspiel**
- **Humanistendrama**
- **Passionsspiel**
- **Schwank**

Weltbild und Literaturverständnis

Althochdeutsche Literatur war geistliche Gebrauchsliteratur zur Vermittlung des christlichen Glaubens. Althochdeutsche Literatur umfasst
- überwiegend Übersetzungen lateinischer Texte (z.B. Vaterunser, Glaubensbekenntnis, Bibeltexte),
- Aufzeichnungen mündlicher Dichtung (z.B. „Hildebrandslied") und
- Neuschöpfungen christlicher und weltlicher Texte.

Mittelhochdeutsche Literatur brachte erstmals eigenständige weltliche Dichtung in deutscher Sprache hervor. Charakteristisch sind:
- Idealisierung ritterlicher Tugenden im höfischen Roman,
- verschiedene Formen von Liebesdichtung,
- germanische Heldensagenstoffe im Heldenepos.

Man entdeckte die klassische Antike wieder. Die Kunstepoche heißt dementsprechend **Renaissance** (franz. „Wiedergeburt"). Die philosophische Strömung nennt man **Humanismus**.
Zu den geistesgeschichtlichen Merkmalen dieser Zeit gehören:
- Befreiung der Literatur, Kunst und Wissenschaft von der Vorherrschaft der Theologie;
- Entstehung des neuen Menschenbildes: der Mensch als sich selbst bestimmendes Individuum ist nicht mehr der göttlichen Weltordnung untergeordnet;
- die diesseitige Lebensgestaltung bestimmt das Leben.

Die Volkssprache setzte sich als Literatursprache durch, dazu trug Martin Luthers Bibelübersetzung entscheidend bei.

hist. Eckdaten

Mittelalter:
- Investiturstreit zwischen deutschem Kaiser und römischem Papsttum (1059-1077)
- Goldene Bulle (1356)
- Kreuzzüge

Renaissance:
- Bauernkrieg (1524/25)
- Einsetzen der Reformation: Martin Luther verfasst 95 Thesen gegen den Ablasshandel (1517)

LITERATUREPOCHEN IM ÜBERBLICK

	Barock	Aufklärung	
1600	Barock — 1720	1770 — Sturm und Drang	
	1680 — Aufklärung	1800	

Autoren

Barock:
- Johann Jakob Christoffel von Grimmelshausen
- Andreas Gryphius
- Christian Hoffmann von Hoffmannswaldau
- Casper von Lohenstein
- Martin Opitz

Aufklärung:
- Christian Fürchtegott Gellert
- Johann Christoph Gottsched
- Friedrich von Hagedorn
- Immanuel Kant
- Friedrich Gottlieb Klopstock
- Gotthold Ephraim Lessing
- Christoph Martin Wieland

Epik

Barock:
- **Schelmenroman** (Grimmelshausen: „Der Abentheuerliche Simplicissimus Teutsch")
- **Schäferdichtung**
- **Abenteuerroman**

Aufklärung:
- **Bildungsroman** (Wieland: „Die Geschichte des Agathon")
- **Briefroman** (Sophie von La Roche: „Geschichte des Fräuleins von Sternheim")

Lyrik

Barock:
- **Sonett** (Gryphius: „Es ist alles eitel")
- **Elegie**
- **Madrigal**
- **Ode**

Aufklärung:
- **lehrhafte Dichtung** (Lessing: Fabeln)
- **Ode** und **Hymne** (Klopstock)

Drama

Barock:
- **Trauerspiel** (Gryphius: „Leo Armenius", Lohenstein: „Agrippina")

Aufklärung:
- **bürgerliches Trauerspiel** (Lessing: „Miss Sara Simpson", „Emilia Galotti", „Nathan der Weise")
- **Komödie** (Lessing: „Minna von Barnhelm")

Weltbild und Literaturverständnis

Barock:
Die Zeit des **Barock** ist geprägt von Gegensätzen:
- Inhalt der Kunst ist der Gegensatz von Todesangst und Weltverneinung auf der einen Seite und Lebensgier und Weltzuwendung auf der anderen;
- große Verbreitung von gesellschaftlichen und religiösen Themen;
- beliebtes Motiv ist das Welttheater: die Welt als Theater, auf dem die Menschen ihre Rolle vor Gott spielen;
- Form des kunstvoll Überladenen als Merkmal der barocken Literatur (rhetorische Figuren wie Antithese, sprachliche Bilder wie Allegorie und Metapher, pathetisch-schwülstige Sprache);
- Aufgabe der Dichtung war „prodesse et delectare" (lat. „nützen und unterhalten");
- Vanitasmotiv: Mahnung an die Vergänglichkeit irdischen Glücks.

Aufklärung:
Die **Aufklärung** prägte das europäische Geistesleben. Merkmale sind:
- Vernunft als Instanz des Denkens und Handelns („Sapere aude!" Lat.: „Wage es, vernünftig zu sein!");
- Kampf gegen Autoritätsglauben, Absolutismus und die Bevormundung durch die Kirche;
- Forderung nach einer freiheitlichen Gesellschaftsordnung;
- radikale Kritik an überkommenen Vorstellungen von Natur, Mensch, Gesellschaft, Staat und Gott;
- Literatur hat unterhaltsam-lehrhaften und sozialkritischen Charakter.

Statt einer einseitigen Betonung der Vernunft wird in der Literatur der **Empfindsamkeit** (1730 bis Ende des 18. Jahrhunderts; Gegenbewegung zur Aufklärung) die Natur religiös verklärt, hier dominiert das schwärmerische Gefühl.

hist. Eckdaten

Barock:
- absolutistische Prachtentfaltung Ludwigs XIV. (1638-1715)
- Pestepidemien in Europa
- Dreißigjähriger Krieg (1618-1648)

Aufklärung:
- Kleinstaaterei; Aufstieg Preußens und Österreichs zu Großmächten
- Amerikanische Unabhängigkeitserklärung (1776)
- Französische Revolution (1789)

ANHANG

	Sturm und Drang	Weimarer Klassik
	1770 — Sturm und Drang — 1786	1789 — 1790 — Romantik / Klassik
Autoren	Gottfried August Bürger Johann Wolfgang von Goethe Johann Gottfried Herder Friedrich Maximilian Klinger Jakob Michael Reinhold Lenz Friedrich Schiller	Johann Wolfgang von Goethe Johann Gottfried Herder Friedrich Schiller Christoph Martin Wieland Heinrich von Kleist und Friedrich Hölderlin sind im Umkreis von Weimarer Klassik und Romantik einzuordnen.
Epik	**Briefroman** (Goethe: „Die Leiden des jungen Werthers")	**Bildungsroman** (Goethe: „Wilhelm Meisters Lehrjahre")
Lyrik	**Erlebnisdichtung** (Goethe: „Sesenheimer Lieder") **Hymne** (Goethe: „Prometheus") **Kunstballade** (Bürger: „Lenore")	**Hymne** und **Ode** **Ballade** (Goethe: „Der Zauberlehrling") **Ideenballade** (Schiller: „Die Bürgschaft")
Drama	**Tragödie** und **Tragikomödie** (Lenz: „Die Soldaten", „Der Hofmeister", Schiller: „Die Räuber", Goethe: „Götz von Berlichingen")	**Ideendrama** (Schiller: „Maria Stuart", „Don Carlos") **Tragödie** (Goethe: „Iphigenie auf Tauris", Schiller: „Wallenstein")
Weltbild und Literaturverständnis	Der **Sturm und Drang** wurde benannt nach dem gleichnamigen Schauspiel von Klinger. Typisch sind: ■ Kritik an Konventionen und überkommenen Institutionen sowie am Rationalismus der Aufklärung, ■ Ideal der Spontaneität und Selbstverwirklichung des Individuums, ■ Natur als Inbegriff alles Lebendigen, ■ Steigerung des Naturhaften und Individuellen im Genie, ■ literarischer Anspruch der Originalität, d.h. Ablehnung von Regeln und Suche nach neuen Ausdrucksweisen (z.B. alltagsnahe Sprache, Mundartliches) und Ausdrucksformen (z.B. offene Dramenform).	Die **Weimarer Klassik**, maßgeblich geprägt von Goethe und Schiller, ist gekennzeichnet von den Leitideen der Harmonie und Humanität. Hohe Werte sind Menschlichkeit, Toleranz und Vollendung. Die griechische Kunst gilt als Musterbild für den Menschen und die Kunst. Man sieht in der Kunst das Mittel, den Menschen zur Humanität auszubilden: ■ Kunst als Darstellung des Objektiven, ■ Kunst als Vermittlerin der höheren Ordnung des Weltganzen (Goethe), ■ Kunst als Mittel, um dem Menschen seine Freiheit, Vernunft und Sittlichkeit bewusst zu machen (Schiller). Thematisiert werden Gerechtigkeit, Freiheit oder Humanität unter Verwendung einer streng geschlossenen Form und klaren Sprache.
hist. Eckdaten	aufgeklärter Absolutismus aufkommendes deutsches Nationalbewusstsein Französische Revolution (1789)	Jakobinerherrschaft in Frankreich (ab 1792) Napoleon Bonaparte gelangt an die Macht (1799) Napoleon krönt sich zum Kaiser (1804)

LITERATUREPOCHEN IM ÜBERBLICK 95

Romantik	Junges Deutschland, Vormärz, Biedermeier	
Klassik 1805 — Romantik ca. 1815 — 1830 — Junges Deutschland, Vormärz, Biedermeier — 1848 →		
Achim von Arnim, Bettina von Arnim, Clemens Brentano, Joseph von Eichendorff, Jacob und Wilhelm Grimm, E.T.A. Hoffmann, Friedrich Hölderlin, Novalis, August Wilhelm Schlegel, Friedrich Schlegel, Gustav Schwab, Ludwig Tieck, Rahel von Varnhagen	**Junges Deutschland:** Ludwig Börne, Karl Gutzkow, Heinrich Laube **Biedermeier:** Annette von Droste-Hülshoff, Jeremias Gotthelf, Eduard Mörike, Adalbert Stifter **Vormärz:** Georg Büchner, Heinrich Heine	Autoren
Essay, Fragment und **Aphorismus** (F. Schlegel: „Athenäum-Fragmente") **Künstlerroman** (Novalis: „Heinrich von Ofterdingen") **Volkspoesie, Märchen** und **Kunstmärchen**	**Erzählung** (Stifter: „Bunte Steine") **Novelle** (Gotthelf: „Die schwarze Spinne", Droste-Hülshoff: „Die Judenbuche")	Epik
Naturlyrik **volksliedhafte Lyrik**	**Erzählung** (Stifter: „Bunte Steine") **Novelle** (Gotthelf: „Die schwarze Spinne", Droste-Hülshoff: „Die Judenbuche")	Lyrik
märchenhaftes Drama (Tieck: „Der gestiefelte Kater")	Georg Büchners **Dramen** („Woyzeck") waren radikaler als die Literatur des Jungen Deutschland, von der sich Büchner distanzierte.	Drama
Die Romantik war eine Bewegung, die eine andere Art des Denkens suchte: ■ Ablehnung des Rationalismus der Aufklärung; ■ Ablehnung gesellschaftlicher Normen und Konventionen; ■ Thematisierung des Irrationalen, Unbewussten (Traum), Fantastischen, Grotesken; ■ häufige Motive: Sehnsucht, Wandern, Natur, Liebe; ■ Rückbesinnung auf die Vergangenheit, vor allem auf das Mittelalter. Die Dichter strebten nach der **Universalpoesie,** die alle Gattungen sowie die Bereiche Kunst, Wissenschaft, Kultur und Leben in sich vereint. Der Leser soll das Werk weiterdichten. Das Werk soll in der Kritik und Rezeption vollendet werden, daher lässt es Raum für Assoziationen und bleibt oft Fragment.	Auf die gesellschaftliche und politische Situation reagierten die Schriftsteller gegensätzlich. **Junges Deutschland** und **Vormärz** zeichnen sich aus durch: ■ Verachtung der Klassik und Romantik als lebensfern; ■ Forderung nach aktueller, politischer Literatur mit gesellschaftspolitisch relevanten Themen und Zeitkritik; ■ Literatur gekennzeichnet durch Gegenständlichkeit und Detailtreue. Im Gegensatz dazu steht das **Biedermeier:** ■ Sensibilität für Stimmungen und Eindrücke, ■ häufig landschaftliche Bezüge zur Heimat der Dichter, ■ Rückzug ins Private.	Weltbild und Literaturverständnis
Napoleon Bonaparte krönt sich zum Kaiser (1804) Ende des Heiligen Römischen Reichs (1806) Befreiungskriege (1813-1815)	Wiener Kongress (1815) Restauration Weberaufstand in Schlesien (1844) Märzrevolution (1848)	hist. Eckdaten

	Bürgerlicher Realismus	Naturalismus
	1848 — Bürgerlicher Realismus — 1890 1880	Literatur der Jahrhundertwende Naturalismus
Autoren	Wilhelm Busch, Theodor Fontane, Emanuel Geibel, Franz Grillparzer, Friedrich Hebbel, Gottfried Keller, Conrad Ferdinand Meyer, Wilhelm Raabe, Theodor Storm	Hermann Conradi Gerhart Hauptmann Arno Holz Max Kretzer Johannes Schlaf
Epik	**Novelle** (Keller: „Die Leute von Seldwyla", Storm: „Der Schimmelreiter", Meyer: „Das Amulett") **Gesellschaftsroman** (Fontane: „Effi Briest")	**Novelle** (Hauptmann: „Bahnwärter Thiel", Holz/Schlaf: „Papa Hamlet") **Roman** (Kretzer: „Die Verkommenen")
Lyrik	**Ballade** (Fontane: „John Maynard") **Verserzählung** (Busch) **Dinggedicht** (Meyer: „Der römische Brunnen", „Zwei Segel")	**Großstadtlyrik** (Holz: „Großstadtmorgen")
Drama	**Dramen** (Grillparzer: „Der Traum ein Leben"; Hebbel: „Maria Magdalena")	**Soziales Milieudrama** (Hauptmann: „Die Weber"; Holz/Schlaf: „Die Familie Selicke") **Tragikomödie** (Hauptmann: „Die Ratten")
Weltbild und Literaturverständnis	Wichtige Kennzeichen des **Realismus** sind: ■ Milieuschilderungen und psychologisch genau gezeichnete Personen, ■ Fehlen von Darstellungen der extremen Seiten der Realität (z.B. das abstoßend Hässliche, Krankheit, Sexualität), ■ Humor, um Distanz zum Empörenden der Wirklichkeit zu schaffen. Man spricht auch vom **poetischen Realismus**. Damit wollten die Schriftsteller darauf aufmerksam machen, dass ihre Texte trotz des Bezugs zur Wirklichkeit auch von ihnen geschaffene Kunstprodukte sind. Das Programm des poetischen Realismus lautete, das Wahre und nicht das Wirkliche darzustellen.	Der **Naturalismus** richtet sich gegen den poetischen Realismus, der die Wirklichkeit verklärt darstellt. Kennzeichnend sind: ■ Kritik an der Doppelmoral des Bürgertums und dessen Gleichgültigkeit gegenüber sozialen Problemen; ■ Themen sind Armut, Alkoholismus, Krankheit, Gewalt, Verbrechen, Prostitution und Wahnsinn; ■ im Zentrum steht der durch Herkunft, Milieu und Zeitumstände bestimmte Mensch und nicht mehr der individuelle Held; ■ Verwendung von Sekundenstil, Umgangssprache, Dialekt und Jargon, um den Stoff authentisch zu gestalten. Die Natur galt als allgemeines Organisationsprinzip, auch der künstlerischen Formen, insofern hat der Naturalismus Gemeinsamkeiten mit dem Sturm und Drang.
hist. Eckdaten	Märzrevolution (1848) Deutsch-Französischer Krieg (1870/71) Gründung des Deutschen Reiches (1871) Industrialisierung	Aufkommen der sozialen Frage Einführung der Sozialversicherung durch Otto von Bismarck (ab 1883) Dreikaiserjahr (1888)

LITERATUREPOCHEN IM ÜBERBLICK

Literatur der Jahrhundertwende

Literatur der Jahrhundertwende — 1920
Naturalismus 1900 — 1918

Literatur der Weimarer Republik

Literatur der Weimarer Republik — 1933

Autoren

Literatur der Jahrhundertwende:
- **Neuromantik:** Hermann Hesse, Stefan Zweig
- **Impressionismus:** Detlev von Liliencron
- **Expressionismus:** Georg Trakl
- **Symbolismus:** Ricarda Huch, Stefan George
- **Dekadenzliteratur:** Gottfried Benn, Hugo von Hofmannsthal, Arthur Schnitzler

Literatur der Weimarer Republik:
- Bertolt Brecht, Alfred Döblin, Lion Feuchtwanger, Erich Kästner, Erich Maria Remarque, Kurt Tucholsky
- Franz Kafka (zwischen Expressionismus und Neuer Sachlichkeit)
- Thomas Mann (knüpft an den Realismus an)
- Hermann Hesse (zwischen Neuromantik und Neuer Sachlichkeit)

Epik

Literatur der Jahrhundertwende:
- **Novelle** (Thomas Mann: „Der Tod in Venedig")
- **Roman** (Thomas Mann: „Die Buddenbrooks", Heinrich Mann: „Der Untertan")

Literatur der Weimarer Republik:
- **Antikriegsroman** (Remarque: „Im Westen nichts Neues")
- **Reportage** (Kisch: „Der rasende Reporter")
- **Zeitroman** (Döblin: „Berlin Alexanderplatz")

Lyrik

Literatur der Jahrhundertwende:
- **Dinggedicht** (Rainer Maria Rilke: „Der Panther")
- **Aufbrechen traditioneller Gedichtformen** (Georg Heym: „Berlin"; Benn: „Morgue", Else Lasker-Schüler: „Weltende")

Literatur der Weimarer Republik:
- **dadaistisches Lautgedicht** (Kurt Schwitters, Max Ernst)
- **(neusachliche) Gebrauchslyrik** (Kästner, Brecht, Tucholsky)

Drama

Literatur der Jahrhundertwende:
- **Drama** (Frank Wedekind: „Frühlings Erwachen")
- **expressionistisches Stationendrama** (Schnitzler: „Reigen")

Literatur der Weimarer Republik:
- **Dokumentartheater** (Erwin Piscator)
- **episches Theater** (Brecht: „Die Dreigroschenoper")

Weltbild und Literaturverständnis

Literatur der Jahrhundertwende:
Typisch ist die Gleichzeitigkeit verschiedener Strömungen und Stile:
- **Neuromantik:** Die Werke sind gekennzeichnet von Irrationalismus, Individualismus und Ästhetizismus.
- **Impressionismus:** Begriff aus der Malerei übernommen; Beschreibung von Seelenzuständen, Stimmungen, unmittelbaren Sinneseindrücken; lautmalerische Sprache.
- **Symbolismus:** Literatur stellt eine zweckfreie Kunstwelt dar, in der Symbole eine wichtige Rolle spielen.
- **Dekadenzliteratur:** geprägt vom Bewusstsein des Niedergangs der Kultur, Hang zu Rausch und Perversion; Verbindung von Schönem und Hässlichem.
- **Expressionismus:** neues Lebensgefühl, Aufbegehren gegen Autoritäten; Menschenbild, das von Individualität und Humanität geprägt ist.

Literatur der Weimarer Republik:
Nach dem Ersten Weltkrieg existierten unterschiedliche Strömungen gleichzeitig:
- **Dadaismus:** Antikunst, die zufällig Worte zu bedeutungslosen Verbindungen aneinanderreiht, die nur optisch oder klanglich wirken sollen.
- **Surrealismus:** Kunst, die die eigentliche Wirklichkeit im Unbewussten sucht, daher spielen Träume, Visionen eine große Rolle; Erzähltechniken: innerer Monolog und Collage.
- **Arbeiterliteratur:** Schauplätze und Protagonisten entstammen dem proletarischen Milieu.
- **Neue Sachlichkeit:** sachlich-objektive Darstellung der Wirklichkeit im Gegensatz zum Expressionismus; Verzicht auf Pathos und Übertreibung sowie formale Experimente; Thematisierung des Alltagslebens in Großstädten.

hist. Eckdaten

Literatur der Jahrhundertwende:
Imperialismus
Radikalisierung politischer Bewegungen
Erster Weltkrieg (1914–1918)
Novemberrevolution (1918)

Literatur der Weimarer Republik:
Weimarer Reichsverfassung (1919)
Wahl Paul von Hindenburgs zum Reichspräsidenten (1925)
Machtergreifung Hitlers (1933)

	Literatur von 1933 – 1945 1933 — Bürgerlicher Realismus — 1945	Literatur der DDR 1949 — Literatur der DDR — 1989 1949 — Deutschsprachige Literatur des Westens — 1989
Autoren	**Exilliteratur:** Bertolt Brecht, Alfred Döblin, Lion Feuchtwanger, Else Lasker-Schüler, Heinrich Mann, Thomas Mann, Anna Seghers **Innere Emigration:** Werner Bergengruen, Hans Fallada, Ricarda Huch, Erich Kästner	**Autoren, die auswanderten:** Jurek Becker, Sarah Kirsch, Günter Kunert, Monika Maron **Autoren, die in der DDR blieben:** Franz Fühmann, Christoph Hein, Heiner Müller, Brigitte Reimann, Anna Seghers, Christa Wolf **Autoren, die in westdeutschen Verlagen veröffentlichten:** Volker Braun, Stefan Heym, Irmtraud Morgner, Rolf Schneider
Epik	**Roman** (Seghers: „Das siebte Kreuz", Klaus Mann: „Mephisto", Feuchtwanger: „Exil") **historischer Roman** (H. Mann: „Henri Quatre", Feuchtwanger: „Josephus-Trilogie")	**Novelle** (Hein: „Drachenblut", „Der fremde Freund") **Roman** (Wolf: „Der geteilte Himmel", Becker: „Jakob der Lügner", Johnson: „Mutmaßungen über Jakob")
Lyrik	**Lyrik des Exils** (Johannes R. Becher, Brecht, Lasker-Schüler)	**lyrische Subjektivität** (Sarah Kirsch, Reiner Kunze) **Lyrik** (Johannes Bobrowski)
Drama	**episches Theater** (Brecht: „Mutter Courage und ihre Kinder") **Drama des Exils** (Ernst Toller: „Pastor Hall", Carl Zuckmayer: „Des Teufels General")	**Dramen** (Plenzdorf: „Die neuen Leiden des jungen W.", Müller: „Die Hamletmaschine")
Weltbild und Literaturverständnis	**Exilliteratur:** ▪ Themen: Verhältnisse im Heimatland, Beschäftigung mit dem Nazi-Regime, dies geschieht z.T. im übertragenen Sinn mithilfe historischer Stoffe, Exilerfahrungen **Innere Emigration:** Einige Autoren wählten eine Haltung des zurückgezogenen Schreibens: ▪ Kritik „zwischen den Zeilen", ▪ humanistische bzw. christliche Grundwerte, ▪ Kritik verhüllt in historische, antike, orientalische Themen und Stoffe. **Blut-und-Boden-Dichtung:** Rassistische Form der Heimatdichtung und Bauerndichtung, die das Herkommen des Einzelnen aus der Familienabstammung und aus der Region positiv hervorhebt.	Der Literaturbetrieb der DDR war vom Staat geprägt, es wurde der **sozialistische Realismus** verordnet (**Bitterfelder Weg:** Forderung nach spezieller Arbeiterliteratur). Kennzeichen der vom Staat geförderten Literatur sind: ▪ nachahmenswerter, sozialistischer Held im Mittelpunkt, ▪ naturgetreue, unmittelbar realistische Nachbildung der Wirklichkeit, ▪ leicht überschaubare Erzählkonstruktionen, ▪ Ziel: ideologische Erbauung. Daneben gibt es Literatur, die sich kritisch mit der DDR auseinandersetzt, z.B. die Werke von Uwe Johnson, Ulrich Plenzdorf, Heiner Müller u.a.
hist. Eckdaten	Nürnberger Gesetze (15. September 1935) Reichspogromnacht (9./10. November 1938) Zweiter Weltkrieg (1939-1945) Wannseekonferenz (20. Januar 1942)	Mauerbau (13. August 1961) Ende der Ära Walter Ulbrichts mit der Wahl Erich Honeckers zum Ersten Sekretär des ZK (3. Mai 1971) Öffnung der Mauer (1989)

LITERATUREPOCHEN IM ÜBERBLICK

Deutschsprachige Literatur des Westens	Deutschsprachige Literatur nach 1990	
1949 — Deutschsprachige Literatur des Westens — 1989 1949 — Literatur der DDR — 1989	bis zur Gegenwart	
Ilse Aichinger, Alfred Andersch, Ingeborg Bachmann, Thomas Bernhard, Heinrich Böll, Wolfgang Borchert, Paul Celan, Friedrich Dürrenmatt, Max Frisch, Günter Grass, Peter Handke, Elfriede Jelinek, Wolfgang Koeppen, Dieter Wellershoff	Thomas Brussig, F.C. Delius, Durs Grünbein, Christoph Hein, Wolfgang Hilbig, Elfriede Jelinek, Daniel Kehlmann, Christian Kracht, Herta Müller, Frank Schätzing, Robert Schneider, Ingo Schulze, Marlene Streeruwitz, Uwe Tellkamp, Uwe Timm, Hans Ulrich Treichel, Birgit Vanderbeke, Juli Zeh, Feridun Zaimoglu	Autoren
Nachkriegsroman (Böll: „Haus ohne Hüter", Grass: „Die Blechtrommel") **Roman** (Frisch: „Homo faber", „Stiller") **Kurzgeschichte** (Borchert: „Das Holz für morgen")	**Wenderoman** (Brussig: „Helden wie wir", Jana Hensel: „Zonenkinder", Sven Regener: „Herr Lehmann", Schulze: „Simple Storys", Tellkamp: „Der Turm") **postmoderner Roman** (Schneider: „Schlafes Bruder", Urs Widmer: „Im Kongo", Kracht: „Faserland")	Epik
konkrete Poesie (Eugen Gomringer, Gerhard Rühm) **hermetische Dichtung** (Celan: „Die Todesfuge") **freirhythmische Gedichte** (Bachmann) **Sprachexperimente** (Ernst Jandl: „Laut und Luise")	**Lyrik** (Grünbein: „Schädelbasislektion", Uwe Kolbe: „Nicht wirklich platonisch", Thomas Kling: „Sondagen", Ulla Hahn: „Wiederworte")	Lyrik
absurdes Theater (Dürrenmatt: „Die Physiker") **gesellschaftskritisches Drama** (Kroetz: „Bauern sterben") **Hörspiel** (Borchert: „Draußen vor der Tür")	**Drama** (Hein: „Randow", Urs Widmer: „Top Dogs", Roland Schimmelpfennig: „Vier Himmelsrichtungen"; Rene Pollesch: „Das purpurne Muttermal", „Kill your Darlings!")	Drama
Man war nach dem Krieg um einen radikalen Neuanfang bemüht (**Trümmerliteratur; Kahlschlagliteratur**). Es bildete sich 1947 die **Gruppe 47**: ■ ideologiekritische und antiautoritäre Literatur, ■ Auseinandersetzung mit dem Nationalsozialismus und der Frage nach Schuld und Verantwortung, ■ Bemühen um einen Neuanfang in der Literatur. ■ In den 1970er Jahren erfolgte eine Wende zur Innerlichkeit, private Beziehungen und individuelle Befindlichkeiten sind Gegenstand der **Neuen Subjektivität**. ■ Mit der feministischen Bewegung entwickelte sich die **Frauenliteratur**, in der es um die Frage nach weiblicher Identität, dem Geschlechterverhältnis und Besonderheiten der weiblichen Art des Schreibens geht.	Die deutsche Einheit bedeutete v.a. für Autoren der ehemaligen DDR einen Einschnitt. Viele thematisierten die Wende, die Veränderungen des Alltags, neu gewonnene Freiheiten oder das Verhältnis zur Staatssicherheit. Literatur nach 1990 ist gekennzeichnet von einer großen stilistischen und thematischen Vielfalt. ■ **Popliteratur:** Beschreibung einer von Medien, Werbung und Konsum bestimmten Wirklichkeit ■ **Migrantenliteratur:** Thematisierung des Verlusts der Heimat und der Entfremdung, Diskriminierung ■ **Postmoderne:** Überwindung der Moderne durch extremen Stilpluralismus; spielerischer Umgang mit Vorhandenem, Intertextualität	Weltbild und Literaturverständnis
Wiederaufbau Deutschlands Große Koalition (1966-1969) Deutscher Herbst (1977) Öffnung der Mauer (1989)	Wiedervereinigung Deutschlands (3. Oktober 1990) Einsatz der Bundeswehr in Krisengebieten (seit 1995) Einführung des Euro (1. Januar 2002) Hartz IV (seit 2003) Staatsschuldenkrise im Euroraum (seit Oktober 2009)	hist. Eckdaten

Textgattungen im Überblick

Epische Gattung	Form der Kritik		▪ Satire ▪ Parodie
	Kürzestformen		▪ Aphorismus ▪ Rätsel ▪ Sprichwort
	Didaktische Formen		▪ Fabel ▪ Gleichnis ▪ Legende ▪ Parabel
	Volkstümliche Formen		▪ Märchen ▪ Sage
	Strukturelemente		▪ Erzähler ▪ Handlung ▪ Darstellungsform ▪ Figuren (Personen) ▪ Zeit ▪ Ort
	Großformen	Epos	
		Volksbuch	
		Roman	▪ Abenteuerroman ▪ Bildungsroman ▪ Entwicklungsroman ▪ Gesellschaftsroman ▪ Historischer Roman ▪ Liebesroman ▪ Psychol. Roman ▪ Schelmenroman ▪ Zukunftsroman ...
	Kurzformen/ mittlere Formen		▪ Anekdote ▪ Erzählung ▪ Fabel ▪ Kalendergeschichte ▪ Kurzgeschichte ▪ Legende ▪ Märchen ▪ Novelle ▪ Parabel ▪ Sage ▪ Schwank
Dramatische Gattung	Bauform	geschlossen	▪ Aristotelisches Drama ▪ Klassisches Drama
		offen	▪ Absurdes Theater ▪ Dokumentarisches Theater ▪ Episches Theater ▪ Experimentelles Theater
	Strukturelemente		▪ Szenen/Auftritte/Bilder ▪ Figurenrede: Dialog/Monolog ▪ Regieanweisung ▪ Prolog/Epilog
	Grundformen	Tragödie	▪ Griechische Tragödie ▪ Tragödie der Aufklärung/Klassik ▪ Bürgerliches Trauerspiel ▪ Soziales Drama
		Komödie	▪ Intrigenkomödie ▪ Situationskomödie ▪ Typenkomödie
		Tragikomödie	
	Sonderformen		▪ Absurdes Theater ▪ Dokumentartheater ▪ Episches Theater ▪ Fernsehspiel ▪ Film ▪ Geistliches Spiel ▪ Hörspiel ▪ Politische Revue ▪ Singspiel ▪ Volksstück ▪ ...
Lyrische Gattung	Strukturelemente		▪ Lyrischer Sprecher ▪ Thema/Motiv ▪ Metrik/Rhythmik ▪ Strophe ▪ Klang ▪ Bildlichkeit ▪ Wortwahl ▪ Satzbau
	Formen		▪ Alltagslyrik ▪ Dinggedicht ▪ Erlebnislyrik ▪ Großstadtlyrik ▪ Konkrete Poesie ▪ Liebeslyrik ▪ Naturlyrik
	Themen/Motive/Arten		▪ Ballade/Erzählgedicht ▪ Elegie ▪ Epigramm ▪ Haiku ▪ Hymne ▪ Lied ▪ Ode ▪ Sonett
Sachtexte	Kontinuierliche Texte	Informierende Texte	▪ Bericht ▪ Beschreibung ▪ Dokumentation ▪ Protokoll ▪ Reportage ▪ Tagebuch
		Ausdruckstexte	▪ Tagebuch ▪ Brief
		Appellative Texte	▪ Aufruf ▪ Flugblatt ▪ Wahlrede ▪ Werbetext
		Argumentierende Texte	▪ Erörterung ▪ Kommentar ▪ Rezension ▪ Rede
		Normierende Texte	▪ Anordnung ▪ Gesetz ▪ Satzung
		Ästhetisch-kreative Texte	▪ Essay ▪ Glosse
	Diskontinuierliche Texte		▪ Diagramm ▪ Mindmap ▪ Schemazeichnung ▪ Statistik ▪ ...
	Strukturelemente		▪ Inhalt/Thema ▪ gedanklicher Aufbau ▪ Autor/Absicht ▪ Textsorte ▪ Kommunikationszusammenhang: ▪ Autor/Entstehung ▪ Adressaten/Wirkung ▪ sprachliche und rhetorische Mittel

ORIGINALPRÜFUNG 2012
GRUNDKURS

PRÜFUNGSAUFGABEN 2012

Vorschlag A: Mündig sein

Aufgaben

1. Interpretieren Sie *Die eine Klage* von Karoline von Günderrode als ein romantisches Gedicht. (Material 1) — 35 BE
2. Charakterisieren Sie das Liebeserlebnis im Gedicht *Erinnerung an die Marie A.* von Bertolt Brecht (Material 2) und vergleichen Sie dieses mit der Liebesvorstellung im Gedicht *Die eine Klage* (Material 1). — 40 BE
3. Beurteilen Sie vor dem Hintergrund Ihrer eigenen Erwartungen an ein zeitgenössisches Liebesgedicht (bzw. einen Liebessong), inwieweit Günderrodes und Brechts Gedichte diesen Anspruch erfüllen. — 25 BE

Material 1:
Karoline von Günderrode *Die eine Klage* (1805)

Wer die tiefste aller Wunden
Hat in Geist und Sinn empfunden
Bittrer Trennung Schmerz;
Wer geliebt was er verloren,
5 Lassen muß was er erkoren,
Das geliebte Herz,

Der versteht in Lust die Tränen
Und der Liebe ewig Sehnen
Eins in Zwei zu sein,
10 Eins im Andern sich zu finden,
Daß der Zweiheit Grenzen schwinden
Und des Daseins Pein.

Wer so ganz in Herz und Sinnen
Konnt ein Wesen liebgewinnen
15 O! den tröstet's nicht
Daß für Freuden, die verloren,
Neue werden neu geboren:
Jene sind's doch nicht.

Das geliebte, süße Leben,
20 Dieses Nehmen und dies Geben,
Wort und Sinn und Blick,
Dieses Suchen und dies Finden,
Dieses Denken und Empfinden
Gibt kein Gott zurück.

Karoline von Günderrode: Gedichte, Prosa, Briefe, hg. von Hannelore Schlaffer, Stuttgart 1998, S. 57

Material 2:
Bertolt Brecht *Erinnerung an die Marie A.* (1920)

1

An jenem Tag im blauen Mond September
Still unter einem jungen Pflaumenbaum
Da hielt ich sie, die stille bleiche Liebe
In meinem Arm wie einen holden Traum.
5 Und über uns im schönen Sommerhimmel
War eine Wolke, die ich lange sah
Sie war sehr weiß und ungeheuer oben
Und als ich aufsah, war sie nimmer da.

2

Seit jenem Tag sind viele, viele Monde
10 Geschwommen still hinunter und vorbei.
Die Pflaumenbäume sind wohl abgehauen
Und fragst du mich, was mit der Liebe sei?
So sag ich dir: ich kann mich nicht erinnern
Und doch, gewiß, ich weiß schon, was du meinst.
15 Doch ihr Gesicht, das weiß ich wirklich nimmer
Ich weiß nur mehr: ich küßte es dereinst.

3

Und auch den Kuß, ich hätt ihn längst vergessen
Wenn nicht die Wolke dagewesen wär
Die weiß ich noch und werd ich immer wissen
20 Sie war sehr weiß und kam von oben her.
Die Pflaumenbäume blühn vielleicht noch immer
Und jene Frau hat jetzt vielleicht das siebte Kind
Doch jene Wolke blühte nur Minuten
Und als ich aufsah, schwand sie schon im Wind.

Bertolt Brecht: Gesammelte Werke 8, Frankfurt/Main 1967, S. 232

2012 PRÜFUNG ■ Vorschlag B

Vorschlag B: Weibliche Freiheit

Aufgaben

1. Interpretieren Sie das Gedicht *Am Turme* von Annette von Droste-Hülshoff. (Material) 35 BE
2. Vergleichen Sie das lyrische Ich mit Maria und Elisabeth aus Schillers Drama *Maria Stuart* anhand selbst gewählter Vergleichsaspekte. 40 BE
3. „Der Gedanke, die Frau zur völligen Freiheit der geistigen Entwicklung, zur ökonomischen Unabhängigkeit und zum Besitz aller bürgerlichen Rechte zu führen, ist weitgehend verwirklicht. Die Frau hat dasselbe Recht zur Entfaltung ihrer Möglichkeiten durch Unterricht und Studium wie der Mann, sie ist ‚vom Joch der Unwissenheit, des Aberglaubens, der Frivolität und der Mode' befreit. Oder doch nicht?"[1]
Diskutieren Sie die Gültigkeit des Zitats von Christine Brückner. 25 BE

[1] Christine Brückner: *Wenn du geredet hättest, Desdemona: ungehaltene Reden ungehaltener Frauen,* Berlin 1996, S. 109

Material: William Shakespeare *Hamlet* (vermutlich um 1600), Textauszug; bearbeitet von Heiner Müller (1989)

Hamlet, Prinz von Dänemark, unterbricht sein Studium und kehrt nach Hause zurück, weil sein Vater, König Hamlet, gestorben ist. Eines Nachts erfährt er durch den Geist seines verstorbenen Vaters, dass sein Onkel Claudius der Mörder sei, der sich daraufhin selbst zum König gekrönt hat. Der Geist fordert Hamlet auf, Rache zu üben. Hamlet zögert. Seine Zweifel bringt er im folgenden Monolog zum Ausdruck.

Dritter Akt, 1. Szene

HAMLET Sein oder nicht sein, das ist die Frage –
Ob es von edlerm Geist ist, auszuhalten
Schleuder und Pfeil des wütenden Geschicks
Oder, in Waffen gegen eine See
5 Von Plagen, enden im Aufstand. Sterben, schlafen
Nicht mehr, und sagen mit dem Schlaf: vorbei
Das Herzweh und die tausend Qualen, unser
Fleischliches Erbteil. Das ist ein Schluß
Aufs innigste zu wünschen. Sterben, schlafen.
10 Schlafen, träumen vielleicht. Da ist der Haken.
Denn was für Träume aufsteigen im Todesschlaf
Wenn abgeworfen sind die sterblichen Fesseln
Hemmt unsern Drang. Da steckt die Vorsicht
Die unserm Elend langes Leben leiht.
15 Wer trüge Peitschenhieb und Hohn der Zeiten
Des Mächtigen Druck und Mißhandlung des Stolzen
Verschmähter Liebe Qual, des Rechts Verschleppung,
Die Anmaßung der Ämter und den Fußtritt
Des Abschaums gegen schweigendes Verdienst
20 Wenn er doch selbst den Schlußpunkt setzen kann
Mit schnellem Stoß? Wer schleppte seine Last
Stöhnend und schwitzend ein mühsames Leben durch
Wenn nicht das Graun vor etwas nach dem Tod
Das unentdeckte Land, von dessen Grenzen
25 Kein Reisender wiederkehrt, den Willen verstörte
Daß wir die Übel lieber tragen, die
Gewohnt sind, als zu unbekannten fliehn.
So macht Bewußtsein alle uns zum Feigling
Der angebornen Farbe der Entschließung

30 Wird des Gedankens Blässe angekränkelt
Und Unternehmungen von Mark und Nachdruck
Durch solche Vorsicht aus der Bahn gelenkt
Verliern den Namen Tat. [...]

William Shakespeare: Hamlet, bearbeitet von Heiner Müller, Mitarbeit Matthias Langhoff, in: Heiner Müller, Shakespeare Factory, Bd. 2, Berlin 1989, S. 56 f.

Hinweis:
Die Rechtschreibung entspricht der Textvorlage.

Vorschlag C: Realitätsverlust

Aufgaben

1 Geben Sie den Inhalt von Paulo Mouras Prosatext *Der virtuelle Seitensprung* wieder und analysieren Sie diesen im Hinblick auf Malones Wirklichkeitsauffassung. (Material)   35 BE

2 Untersuchen Sie, inwiefern die Vorstellungen und Handlungsweisen der Figuren Woyzeck aus Büchners *Woyzeck* und Faust aus Goethes *Faust I* Elemente von Realitätsverlust aufweisen.   40 BE

3 Erörtern Sie, inwiefern virtuelle Welten Möglichkeiten und Gefahren für den heutigen Menschen darstellen können.   25 BE

Material: Paulo Moura *Der virtuelle Seitensprung* (1995)

Als die Polizei – alarmiert von ihrem PC-Abhörnetz – in der Altbauwohnung auf dem Hollywood Boulevard ankam, war es zu spät. Ein Körper in einem Cyberspace-Anzug lag bewegungslos über der Tastatur der jüngsten Generation eines Macintosh Quadra. Tot.

John Malone lebte seit zehn Jahren in New York, aber seit fünf Jahren hatte er seine Dachwoh-
5 nung in der Spring Street mitten in Soho[1] nicht mehr verlassen. Sein Essen und alles, was er sonst benötigte, bestellte er über America On Line (AOL), das öffentliche Computernetz, dessen Mitglied er war – wie 100 Millionen weitere Amerikaner. Sein Bildschirmname war R. U. Sirius. Über sein Modem verschickte er jeden Tag die Marktanalysen, die er für seine Firma mit Sitz in Memphis, Tennessee, erstellte.

10 Alle Kontakte, die er beruflich oder privat herstellen mußte, spielten sich auf dem riesigen hochauflösenden Bildschirm ab, der an seinen IBM angeschlossen war. Der Computer hatte es ihm ermöglicht, einen über den ganzen Kontinent verteilten Freundeskreis aufzubauen. So hatte er es schon lange nicht mehr nötig, die Bars und Cafés im Cyberspace aufzusuchen.

Vor ungefähr einem Jahr hatte John Malone Candi 2000 kennengelernt – bei einem Fest in ei-
15 ner der virtuellen Begegnungsstätten für Singles der AOL. Candi war 20 Jahre alt, hatte grüne Augen und blondes Haar, aber was John mehr anzog als alles andere, war[en] die Sinnlichkeit und Ungezwungenheit, die allen Frauen in der „Stadt der Engel"[2] eigen waren. Es war offenkundig, daß Candi Los Angeles kaum kannte, ebensowenig wie John sich an New York erinnerte, doch das war unwichtig, denn im Cyberspace sind Städte keine Städte: Sie sind Ideen.

20 Candi 2000 erinnerte John an Frauen, die er in Kalifornien gesehen hatte, bevor er endgültig in die virtuelle Welt eingetreten war. An diese Zeit erinnerte er sich nur noch wie an einen Traum. Zuweilen kamen ihm flüchtige Bilder in den Sinn [...]. Candi ist nichts weiter als ein wunderschönes Bild auf dem Computerbildschirm, erschaffen von Candi selbst. John schuf ebenfalls ein Bild seines Körpers, das bei Candi zu Hause auf dem Bildschirm erschien.

25 Sie redeten ganze Nächte lang, widmeten einander Lieder, die sie aus dem Verzeichnis der digitalen Aufnahmen des AOL-Servers auswählten und über ihre in den Computer integrierten Stereoanlagen hörten.

Doch sie redeten nicht nur. Manchmal zogen sie Cyberspace-Anzüge mit elektrischen Stimulatoren an den erogenen Zonen an. Wenn der Partner auf der anderen Seite des Kontinents den
30 Cursor auf dem Bildschirm zu einem dieser Punkte bewegte und ihn anklickte, spürte der andere eine Liebkosung.

John verliebte sich immer heftiger in Candi, doch im selben Maß wie seine Leidenschaft wuchs auch sein Mißtrauen. In der virtuellen Welt, auf der Datenautobahn, so schien es John, war der Wert der Treue wichtiger denn je. Und da verschiedene Indizien seinen Verdacht nährten, daß
35 seine Geliebte Beziehungen zu anderen AOL-Mitgliedern unterhielt, beschloß er, der Sache auf die Spur zu kommen.

Er schuf einen zweiten Bildschirmnamen, D. Juan 007, mit dem er versuchen wollte, Candi 2000 kennenzulernen und sie zu verführen. Für D. Juan 007 erfand er einen Körper, der zwar nicht schöner war als der von R. U. Sirius – denn das war seiner Ansicht nach unmöglich – der
40 aber Candis Vorlieben mehr entsprach. Eines [N]achts schließlich schlief Candi 2000 virtuell mit D. Juan. John fühlte sich mit sich selbst betrogen. Er begann, Candi zu hassen und beschloß, sie zu töten. Über den Computer zog er die gesamte verfügbare Literatur über den virtuellen Liebesakt zu Rate.

Bei der nächsten Begegnung bat er Candi, ihren virtuellen Anzug anzulegen. Sie tat es, über-
45 zeugt, daß er das [G]leiche tun würde, doch darin täuschte sie sich: die sanften Elektroschocks, die sie leidenschaftlich aussandte, verloren sich nutzlos in Johns Anzug, der die ganze Zeit an seinem Haken hing. In der Zwischenzeit betätigte R. U. Sirius sorgfältig die Klicks, die nötig waren, um Candi völlig verrückt zu machen. Klick, klick, klick. Candi kam zum Höhepunkt, einmal, zweimal, doch R. U. Sirius hörte nicht mehr auf, klick, klick, klick, kliiick ... bis zum
50 bitteren Ende, bis Candi tot war, hingerichtet durch Elektroschocks.

Die Polizei in Los Angeles brachte den verbrannten Körper ins Leichenschauhaus. Unter dem Anzug, der ihn getötet hatte, fand man den Körper eines etwa 50jährigen Mannes. Da niemand aus der realen Welt kam, um ihn zu identifizieren, gaben die Behörde[n] eine Anzeige im AOL auf: Im Netz hatte der Mann den Bildschirmnamen Candi 2000 benutzt.

Paulo Moura: Die Liebschaften des John Malone. Der virtuelle Seitensprung, in: Süddeutsche Zeitung, Beilage vom 23. 2. 1995

1   Soho: Stadtteil im New Yorker Bezirk Manhattan
2   Los Angeles (span.) bedeutet eigentlich „die Engel"

Hinweis:
Die Rechtschreibung entspricht der Textvorlage. Tippfehler wurden bereinigt.

LÖSUNGSVORSCHLAG 2012

Lösungsvorschlag A: Liebesvorstellungen in der Lyrik

Aufgabe A.1

Interpretieren Sie *Die eine Klage* [...] als ein romantisches Gedicht.

> **HINWEIS** Gehen Sie zunächst von den Erwartungen aus, die der Titel weckt. Arbeiten Sie dann die inhaltlichen Aspekte des Gedichts heraus. Widmen Sie sich im Folgenden der formalen und stilistischen Gestaltung des Textes. Zeigen Sie in Ihrer Interpretation, wie die Inhalte mithilfe der sprachlichen Form veranschaulicht werden und/oder im Widerspruch zu ihr stehen. Beginnen Sie mit allgemeinen Merkmalen der Form (Stropheneinteilung, Reimschema, Metrum etc.) und gehen Sie dann auf besondere Stilmittel und deren Funktion mit Bezug auf den Inhalt ein. Sie können dabei strophenweise oder aspektorientiert vorgehen. Sammeln Sie dann typische Aspekte romantischer Gedichte (inhaltliche und formale) und überprüfen Sie, inwieweit diese am Gedicht nachweisbar sind.

Lösungsschritte

1	Das Gedicht (Material 1) mindestens zweimal gründlich lesen
2	Sich noch einmal die Aufgabenstellung verdeutlichen
3	Den Text noch einmal gründlich lesen und die wichtigsten inhaltlichen Aspekte markieren, dabei auch die Funktion des Titels bestimmen
4	Den Text erneut genau lesen, dabei sprachlich-stilistische Auffälligkeiten markieren und benennen sowie Hypothesen über deren Bedeutung notieren
5	Die wesentlichen Aussagen des Gedichts in eigenen Worten skizzieren
6	Wichtige Stilmittel des Textes benennen, hierzu Beispiele aus dem Text zitieren, mit dem Inhalt verknüpfen und die Wirkung auf den Leser beschreiben
7	Merkmale romantischer Gedichte (inhaltlich und formal) stichwortartig notieren
8	Am Text überprüfen, welche Merkmale vorhanden sind
9	Ergebnisse in einem zusammenhängenden Text festhalten
10	Geschriebenes erneut lesen, überprüfen, überarbeiten

Stichpunktlösung

- Einleitungssatz: In Karoline von Günderrodes Gedicht *Die eine Klage* (1805) geht es um die Erfahrung des Trennungsschmerzes
- Erste Leseeindrücke: trauriger, schmerzvoller Tonfall

Gedichtinterpretation *Die eine Klage*

Inhalt

- Mehrdeutiger Titel; mögliche Bedeutungen: Klage um Verstorbene, Klage vor Gericht; wirft die Frage auf, warum „die eine" Klage so betont wird
- In dem Gedicht geht es um die Trauer nach der Trennung vom Geliebten
- Ein lyrisches Ich tritt nicht unmittelbar in Erscheinung, ist aber als Träger der beschriebenen Gefühle impliziert. Vermutlich nennt es sich selbst nicht, weil es sich ohne den Geliebten nicht mehr als vollständiges Subjekt fühlt.
- Gedankliche Entwicklung: in der 1. und 2. Strophe Formulierung des Schmerzes und der Sehnsucht nach Zweisamkeit
- In der 3. Strophe wird die Untröstlichkeit deutlich: Neue „Freuden" (V. 16) – gemeint ist wohl eine neue Liebesbeziehung – könnten die verlorenen nicht ersetzen.
- In der 4. Strophe resümiert der Sprecher, worin die Liebe besteht (Gegenseitigkeit: „Nehmen und Geben", V. 20;

verbaler, emotionaler und visueller Austausch: „Wort und Sinn und Blick", V. 21, „Denken und Empfinden", V. 23). Liebe und „Leben" (V. 19) werden gleichgesetzt: Nur wer liebt, lebt demnach wirklich.
- Er behauptet zudem, nicht einmal (ein) „Gott" (V. 24) könne das verlorene Glücksgefühl ersetzen, wodurch die Endgültigkeit des Verlusts der Liebe bekräftigt wird

Formale Aspekte
- Regelmäßige, geschlossene Gedichtform; vier Strophen mit je sechs Versen
- Durchgehender Schweifreim mit Reimschema aabccb
- Metrum: Trochäus, in den Versen paarweise wechselnd drei- und vierhebig; unterstreicht die traurige Grundstimmung
- Wechsel von weiblichen Kadenzen in den vierhebigen und männlichen Kadenzen in den dreihebigen Trochäen: Dadurch wird dem Reimschema eine paarweise Ordnung der Verse entgegengesetzt, die das zugrundeliegende Denken des Ichs in der (vergangenen) Paarstruktur repräsentiert
- Einbeziehung des Lesers: „Wer die tiefste aller Wunden" (V. 1); nur derjenige könne die Liebe richtig verstehen, der auch den Schmerz nach ihrem Verlust kenne (diese Struktur kehrt anaphorisch auch zu Beginn der 3. Strophe wieder)
- Hyperbel: „tiefste aller Wunden" (V. 1); der Schmerz wird als so stark empfunden, dass er durch nichts zu übertreffen ist
- Hendiadyoin: „Geist und Sinn" (V. 2), „Nehmen und [...] Geben" (V. 20), „Suchen und [...] Finden" (V. 22), „Denken und Empfinden" (V. 23); hebt hervor, dass die beschriebene Liebe den ganzen Menschen umfasst und ganzheitlich mit Gefühl und Verstand empfunden wird
- Synekdoche: „Das geliebte Herz" (V. 6); das Herz, symbolischer Sitz der Gefühle, steht als Teil für den vermissten Geliebten; möglicher Hinweis darauf, dass es hier nicht um Verlust durch Tod, sondern um die Beendigung einer Liebesbeziehung geht
- Antithese: „in Lust die Tränen" (V. 7); Tränen drücken eigentlich Trauer und nicht Lust aus. In dem Schmerz, den der Verlust der Liebe verursacht, scheinen sich widersprüchliche Gefühle zu treffen.
- Parallelismus: „Eins in Zwei" (V. 9), „Eins im Andern" (V. 10); drückt die Sehnsucht der Liebenden nach Symbiose aus, dies wird auch deutlich in dem Wunsch, „[d]aß der Zweiheit Grenzen schwinden" (V. 11). In einer solchen Verschmelzung wird eine Art Bastion gegen die Unbill des Lebens, „des Daseins Pein" (V. 12) gesehen.
- Interjektion: „O!" (V. 15); drückt die Klage, den untröstlichen Schmerz wortlos aus
- Wiederholung: „Neue werden neu geboren" (V. 17); das doppelt genannte Neue kontrastiert mit den „verloren[en]" „Freuden" (V. 16) (Betonung des Unterschieds vgl. auch V. 18)
- Inversion: z. B. „Hat in Geist und Sinn empfunden" (V. 2); hebt die Ganzheitlichkeit des Liebeserlebens hervor

Merkmale der Romantik in *Die eine Klage*
- Typische Sehnsuchtsmotivik: Wehmut, Schmerz über den Verlust
- Liebesthematik und Liebesideal: Verbindung von Geist und Seele; Einmaligkeit des Liebeserlebens; Gleichsetzung von Liebe und erfülltem Leben; Überhöhung der Liebe als wesentliche Lebenskraft
- Betonung des Blicks als Ausdrucksform von Verbundenheit
- Subjektives Erleben tritt in den Mittelpunkt der Dichtung; die Außenwelt wird nur durch den Blick des/der Liebenden wahrgenommen
- Identifikation des Lesers mit den Gefühlen des lyrischen Ichs

Aufgabe A.2

Charakterisieren Sie das Liebeserlebnis [...] und vergleichen Sie ...

> **HINWEIS** Hier kommt es darauf an, das Gedicht von Bertolt Brecht aspektorientiert zu interpretieren, also das Liebeserleben ins Zentrum der Betrachtung des Gedichts zu stellen. Im zweiten Arbeitsschritt sollen dann die dabei gewonnenen Erkenntnisse mit den entsprechenden Aspekten in Karoline von Günderrodes Gedicht verglichen werden. Hierzu können Sie auf Ihre Ergebnisse aus Aufgabe A.1 zurückgreifen.

Lösungsschritte

1	Das Gedicht (Material 2) mindestens zweimal gründlich lesen

Vorschlag A ■ LÖSUNGSVORSCHLAG 2012

2	Sich die Aufgabenstellung verdeutlichen, in zwei Einzelteile gliedern (aspektorientierte Gedichtinterpretation/Vergleich)
3	Das Gedicht noch einmal genau lesen, dabei Schlüsselwörter zum Thema Liebe unterstreichen und stichwortartig notieren, was über das Liebeserlebnis gesagt wird
4	Das erste Gedicht (Material 1) erneut gründlich lesen und stichwortartig notieren, welche Liebesvorstellung vertreten wird
5	Die beiden Stichwortlisten einander gegenüberstellen, Gemeinsamkeiten und Unterschiede markieren
6	Zusammenhängenden Text formulieren: Gegenüberstellung des Liebeserlebens im Gedicht von Brecht und im Gedicht von Günderrode; Unterschiede und Gemeinsamkeiten herausarbeiten und an beiden Texten belegen
7	Schlussfolgerung formulieren
8	Geschriebenes erneut lesen, überprüfen, überarbeiten

Stichpunktlösung

Liebeserlebnis in *Erinnerung an die Marie A.*

- Einleitungssatz mit Verweis auf die Aufgabenstellung und ersten Leseeindruck: Im Vergleich der Liebesvorstellung, wie sie sich in Günderrodes Gedicht *Die eine Klage* (1805) ausdrückt, mit dem Liebeserlebnis in Brechts Gedicht *Erinnerung an die Marie A.* (1920) fällt zunächst auf, dass das lyrische Ich bei Brecht sich der vergangenen Liebe weniger schmerzvoll zu erinnern scheint als das Ich in Günderrodes Gedicht
- Das Gedicht *Erinnerung an die Marie A.* ist in drei Strophen unterteilt, mit je acht Versen
- 1. Strophe: Das Ich erinnert sich an eine vergangene Begegnung in der Natur mit seiner „stille[n] bleiche[n] Liebe" (V. 3), bei der es sich wohl um die „Marie A." aus dem Titel handelt, die aber nicht näher charakterisiert wird
- Die Erinnerung ist geprägt von positiv konnotierten Begriffen: „blaue[r] Mond" (V. 1), „junge[r] Pflaumenbaum" (V. 2), „holde[r] Traum" (V. 4), „schöne[r] Sommerhimmel" (V. 5), „Wolke" (V. 6). Der „blaue Mond" scheint eine Variation der blauen Blume der Romantik zu sein. Insgesamt entsteht das Bild eines friedlichen „locus amoenus".
- Die weiße Farbe der Wolke kann als Symbol für die Unschuld des jungen Paars gelten; die Frucht des Pflaumenbaums, deren blaue Farbe sich im Mond widerspiegelt, lässt sich als Symbol für die Sexualität des Liebespaars deuten
- 2. Strophe: Hier wird die zeitliche Distanz zwischen dem erinnerten Erleben (das an einem unbestimmten Tag im September eines unbestimmten Jahres stattgefunden haben soll) und dem gegenwärtigen Erleben ausgedrückt: „Seit jenem Tag sind viele, viele Monde [...] vorbei" (V. 9 f.).
- Auf die Frage nach der gegenwärtigen Bedeutung der Liebe von damals äußert das lyrische Ich: „ich kann mich nicht erinnern" (V. 13). Dies erscheint als Bruch im Vergleich zur Innigkeit der 1. Strophe.
- Das lyrische Ich gibt in einer Art Antiklimax an, sich nicht mehr an das Gesicht der Liebsten zu erinnern, nur mehr an den Kuss (vgl. V. 15 f.), und auch an den nur – so heißt es in der 3. Strophe – aufgrund der unvergessenen Wolke am Himmel (vgl. V. 18)
- Von der Liebe des Septembertags scheint nichts mehr spürbar zu sein
- Alles andere erscheint dem lyrischen Ich weniger vergänglich: Die Pflaumenbäume blühen „vielleicht noch immer" (V. 21), sind vermutlich aber „abgehauen" (V. 11), „jene Frau hat jetzt vielleicht das siebte Kind" (V. 22) – dies zeigt, dass die Welt sich weiterentwickelt hat, auch nach der Trennung der Liebenden.
- Die Wolke dagegen hat sich aufgelöst, doch gerade das macht sie besonders wertvoll (V. 6, V. 23). Sie ist das Einzige, was nur in dem einen besonderen Moment existiert hat, und wird so zum Symbol für das vergängliche Glück der Liebe. Auf diese Weise wird das Symbol für Unbeständigkeit paradoxerweise zum einzig bleibenden Teil der Erinnerung.
- Der Titel suggeriert, dass sich jemand liebevoll an seine Jugendliebe erinnert. Im Verlauf des Gedichts wird die Idee einer solchen dauerhaften, innigen Liebe jedoch als Illusion entlarvt, von der nichts bleibt als vage Erinnerungen.

Vergleich

Gemeinsamkeiten
- In beiden Gedichten steht nicht der/die Geliebte im Vordergrund, sondern das Erinnern an die (vergangene) Liebe
- Es wird jeweils ein subjektives Erleben dargestellt

Unterschiede
- Während dies für das lyrische Ich bei Günderrode eine existenzielle Erfahrung ist, wirkt es bei Brecht eher wie eine sachlich-nüchterne Bestandsaufnahme

- In dem Gedicht von Günderrode scheint die Liebeserfahrung noch sehr nah am aktuellen Erleben des lyrischen Ichs zu sein, was sich auch in der gefühlsbetonten Darstellungsweise zeigt. In Brechts Gedicht liegt das Liebeserlebnis offenbar schon länger zurück. Bei Günderrode geht es um eine sehr umfassend erlebte Liebe, die sowohl sinnliche als auch geistige Elemente beinhaltet. Bei Brecht wird nicht ersichtlich, auf welcher Ebene das Paar sich geliebt hat und ob es über die körperliche Komponente („Kuß", V. 17; „hielt ich sie [...]/In meinem Arm", V. 3 f.) hinaus noch eine gemeinsame Ebene gab.
- Bei Günderrode wird die Liebe idealisiert; bei Brecht ist sie „vergessen" (V. 17)
- Das lyrische Ich in Günderrodes Gedicht kann sich nicht vorstellen, dass es nach dem Erleben dieser schmerzhaften Trennung je wieder Freude empfinden kann
- Das Ich in Brechts Gedicht hingegen wirkt abgeklärt, es klingt keine Wehmut an, wenn es sich an die vergangene Liebe erinnert. Im Gegenteil, deren Bedeutung für das gegenwärtige Erleben scheint mehr als gering zu sein, es kann sich an das Gefühl der Liebe „nicht erinnern" (V. 13).
- Das lyrische Ich in Brechts Gedicht erinnert sich lediglich an den kurzen Moment des Liebesglücks, repräsentiert durch die Wolke, die sich nicht festhalten lässt. Dieser Moment ist losgelöst vom Liebesobjekt (vgl. V. 15), an ihn denkt der Sprecher gern und ohne Schmerz oder Groll zurück.
- Zu einer solch versöhnlichen Haltung der Vergänglichkeit des Glücks gegenüber kann sich das lyrische Ich in Günderrodes Gedicht nicht durchringen, es verharrt in Tränen und Sehnsucht
- Bei Günderrode rebelliert das Ich gegen die Vergänglichkeit der Liebe. Bei Brecht nimmt der Sprecher diese Vergänglichkeit als Teil des Lebens klaglos hin bzw. macht gerade in der Vergänglichkeit das Wesen der Liebe aus.
- Die Behauptung des Ichs bei Günderrode, dass „[w]er geliebt was er verloren" (V. 4), „in Lust die Tränen/Und der Liebe ewig Sehnen" (V. 7 f.) verstehe, trifft für das lyrische Ich in Brechts Gedicht offenkundig nicht zu. Es scheint keine Sehnsucht, keine Wehmut zu empfinden, sondern berichtet ohne große Gefühle von der vergangenen Liebe.
- Das lyrische Ich bei Günderrode kann sich nicht verabschieden von dem Gedanken, dass die erlebte Liebesbeziehung perfekt (vgl. insbesondere 4. Strophe) war und unersetzlich (vgl. 3. Strophe) ist. Im Vergleich zu einer solchen Leidenschaft wirkt das lyrische Ich in Brechts Gedicht sehr abgeklärt.
- Möglicherweise würde sich die Haltung des lyrischen Ichs in Günderrodes Gedicht auch verändern, wenn „viele, viele Monde" (Brecht, V. 9) vergangen wären
- Vielleicht spiegelt sich aber auch in der desillusionierten Haltung des Sprechers bei Brecht die historische Distanz (115 Jahre) zur romantischen Liebesauffassung des lyrischen Ichs bei Günderrode

Aufgabe A.3

Beurteilen Sie [...], inwieweit Günderrodes und Brechts Gedichte diesen Anspruch erfüllen.

> **HINWEIS** „Beurteilen" bedeutet, dass Sie abwägen sollen, welche Aspekte in den Gedichten Ihre Erwartungen an (gegenwärtige) Liebeslyrik erfüllen und welche nicht. Dabei sollten Sie die Hauptaspekte der beiden vorliegenden Gedichte aufgreifen und abwägen, inwieweit sie Ihren Vorstellungen entsprechen.

Lösungsschritte

1	Sich noch einmal die Aufgabenstellung verdeutlichen
2	Überlegen, welche Erwartungen Sie an ein zeitgenössisches Liebesgedicht haben, und stichwortartig notieren
3	Aspekte nach Wichtigkeit sortieren
4	Gedichte noch einmal lesen, im Hinblick auf die Frage, ob sie diese Ansprüche erfüllen
5	Für-und-Wider-Liste jeweils für beide Gedichte aufstellen
6	Zusammenhängenden Text mit Einleitung, Hauptteil, Schluss schreiben
7	Geschriebenes erneut lesen, überprüfen, überarbeiten

Stichpunktlösung

Mögliche Erwartungen an die Form
- Moderne, leicht verständliche (Alltags-)Sprache (evtl. Englisch oder mit Anglizismen durchsetzte Sprache); Jugendsprache
- Gedicht mit Reim/reimlose Form; klare Rhythmen; bildhafte Sprache
- Text soll Gefühle ausdrücken, die man selbst kennt bzw. die zu einer bestimmten, selbst erlebten Situation passen
- Sollte nicht zu klischeehaft sein, sondern „wahre" Gefühle beschreiben
- Musik sollte diese Gefühle unterstreichen

Mögliche Themen
- Erfahrung, dass eine Liebe zu Ende gehen kann, dass das wehtun kann
- Hoffnungsfunke, dass das Leben auch nach der Liebe weitergeht, dass es sich lohnt, weiterzuleben
- Studium/Beruf und Liebe im Konflikt
- Freiheit und Beziehung im Konflikt
- Treue/Untreue
- Dauerhafte Beziehung versus vielfältige Erfahrungen
- Gleichgeschlechtliche Liebe
- Gefahr von HIV/Aids
- Ungewollte Schwangerschaft
- Liebe über kulturelle Grenzen hinweg

„Modernität" von Günderrodes Gedicht
- „Echtes, wahres" Gefühl ist zeitunabhängig
- Trennungsschmerz kennen heutzutage, in Zeiten von Fernbeziehungen, mehr Paare als früher
- Allerdings binden sich die meisten Menschen heute mehr als einmal im Leben, erleben also tatsächlich ein neues Glück (vgl. V. 16 f.)
- Dennoch wird die individuelle Trennung von vielen als großer Schmerz erlebt
- Sprachstil wäre heute eher ungewöhnlich

„Modernität" von Brechts Gedicht
- Sprache und Form des Gedichts sind relativ modern
- Die beschriebene Erfahrung ist ebenfalls aktuell: Viele Menschen kommen bei der ersten Liebe über den Trennungsschmerz hinweg, „vergessen" sie also gewissermaßen, binden sich neu.
- Kaum jemand würde jedoch so über eine vergangene Beziehung sprechen
- Das Wesen der Liebe in der Vergänglichkeit auszumachen und zu schätzen, gelingt sicher so nicht allen. Es stellt sich auch die Frage, ob das erstrebenswert wäre.
- Wenn man so abgeklärt an eine vergangene Partnerschaft denkt, würde man vermutlich heute kein Gedicht darüber schreiben. Man liest Liebesgedichte bzw. hört Liebessongs eher in einer „akuten" Gefühlssituation, wie sie die Freude über eine Beziehung oder der Schmerz über deren Unmöglichkeit/Verlust hervorrufen.

> **TIPP** Wählen Sie für den Vergleich mit den beiden Gedichten von Günderrode und Brecht ein zeitgenössisches Liebesgedicht oder einen Liebessong, das/der Ihnen gut gefällt, und überlegen Sie, warum es/er Ihnen gefällt.

Lösungsvorschlag B: Handeln oder nicht handeln? Kämpfen oder dulden?

Aufgabe B.1

Geben Sie Hamlets Gedankengang [...] wieder. ...

> **HINWEIS** Bei dem Text handelt es sich um einen (inneren) Monolog, d.h., der Text stellt keine äußere Handlung dar, sondern eine innere. Geben Sie ihn entsprechend wie einen argumentativen Text in indirekter Rede wieder. Fassen Sie bei der Inhaltswiedergabe die Gedanken des Monologs so zusammen, dass Ihr Text nur etwa ein Drittel der Wörter des Originals umfasst. Sie sollten eigenständige Formulierungen finden und nicht die des Originaltextes übernehmen oder Zitate verwenden. Da der Monolog sehr bildreich formuliert ist, könnte es zum Verständnis helfen, ihn Satz für Satz in eigene Worte zu übertragen, bevor Sie ihn zusammenfassen.

Lösungsschritte

1	Den Text mindestens zweimal gründlich lesen
2	Sich noch einmal die Aufgabenstellung verdeutlichen
3	Den Text noch einmal genau lesen und in Sinnabschnitte gliedern
4	Die Gedanken jedes Sinnabschnitts in eigenen Worten wiedergeben, zu jedem Abschnitt eine Überschrift finden
5	Einleitungssatz (mit Autor, Titel, Gattung, Erscheinungsjahr, Thema) formulieren
6	Anhand der Überschriften aus Schritt 4 einen zusammenhängenden Text verfassen
7	Geschriebenes erneut lesen, überprüfen, überarbeiten

Stichpunktlösung

- Einleitungssatz: In dem Monolog aus William Shakespeares Drama *Hamlet* (bearbeitet von Heiner Müller), das um 1600 erschienen ist, geht es um den Sinn des Lebens
- Hamlets Ausgangsfrage „Sein oder nicht sein" (V. 1) zielt darauf ab, ob man sich für das Leben oder den Tod entscheiden solle
- Die Frage wird eingegrenzt auf die Problematik, ob es tugendhafter sei, auszuharren und das eigene Schicksal zu ertragen, oder ob man sich mit Gewalt gegen die Missstände der Welt wehren solle
- Einerseits wünscht sich Hamlet zu sterben und damit dem seelischen und körperlichen Elend zu entkommen
- Andererseits fragt er sich, was für Konsequenzen sich daraus für das Ich im Jenseits ergeben
- Die Angst vor dem Jenseits sei auch der einzige Grund, warum die Menschen so viel irdisches Leid und Unterdrückung – im privaten sowie im politisch-öffentlichen Bereich – ertragen, ohne sich das Leben zu nehmen
- Er geht davon aus, dass die Menschen lieber das Schlimme ertrügen, das sie kennen, als sich mit dem Tod auf Unbekanntes einzulassen
- Laut Hamlet hemmt diese Angst die Menschen und nimmt ihnen den Mut zu handeln

Aufgabe B.2

Vergleichen Sie die Situation und Überlegungen Hamlets mit der Situation und dem Verhalten Mortimers in [...] *Maria Stuart* oder Oliver Zureks in [...] *In seiner frühen Kindheit ein Garten*.

> **HINWEIS** Entscheiden Sie sich zügig für einen der beiden Texte bzw. für die Figur, zu der Ihnen in diesem Zusammenhang mehr Vergleichsmöglichkeiten einfallen. Bei einem Vergleich geht es darum, Unterschiede und Gemeinsamkeiten herauszuarbeiten und daraus Schlussfolgerungen zu ziehen. Im Folgenden wurde als Vergleichsfigur Oliver Zurek gewählt.

Lösungsschritte

1	Den Text noch einmal gründlich lesen
2	Sich nochmals die Aufgabenstellung verdeutlichen und sich für einen Vergleichstext entscheiden
3	Stichwortartig in der linken Spalte einer Tabelle notieren, was Hamlets Situation und seine Überlegungen ausmachen
4	Überlegen, inwiefern Situation und Verhalten der von Ihnen gewählten Figur mit denen Hamlets vergleichbar sind
5	Textstellen aus der Lektüre suchen, die für Situation und Verhalten dieser Figur relevant sind
6	Tabelle ergänzen, Situation und Überlegungen der gewählten Figur denen Hamlets gegenüberstellen, Ähnlichkeiten und Unterschiede markieren
7	Passende Zitate in beiden Texten markieren
8	Zusammenhängenden Text formulieren, Argumente durch Textbelege stützen
9	Schlussfolgerung formulieren
10	Geschriebenes erneut lesen, überprüfen, überarbeiten

Stichpunktlösung

- Einleitungssatz mit Verweis auf die Aufgabenstellung, Nennung der gewählten Vergleichsfigur und des Textes, aus dem sie stammt, z. B. Oliver Zurek aus Christoph Heins Roman *In seiner frühen Kindheit ein Garten* (2005)
- Anders als Hamlet spricht Oliver Zurek nicht direkt zum Leser, da er bereits in der Vorgeschichte des Romans gestorben ist; seine Position wird durch andere Figuren vermittelt
- Ob es sich bei Olivers Tod um einen Suizid – wie Hamlet ihn als theoretische Möglichkeit durchdenkt (vgl. V. 20 f.) – handelt oder um Tötung durch einen Polizisten, bleibt im Verlauf des Romans letztlich offen
- Hamlet und Oliver haben beide ein Studium begonnen (Oliver hat es allerdings abgebrochen). Beide Figuren sehen ein Unrecht, das sie bekämpfen möchten.
- Hamlet fragt sich, ob er seinen toten Vater rächen oder ob er schweigen und das Unrecht billigen soll (vgl. V. 2–5)
- Oliver Zurek setzt sich für das ein, was er als Recht empfindet (vgl. z. B. S. 120; Quelle für Zitatangaben hier und im Folgenden: Christoph Hein, *In seiner frühen Kindheit ein Garten*, Frankfurt a. M. 2005); er wehrt sich gegen das „Unrecht" (S. 74), das ihm widerfahren ist: den gewaltsamen Polizeieinsatz bei einer Demonstration (vgl. S. 225) und die Untersuchungshaft, die er ein halbes Jahr unschuldig ertragen muss (vgl. S. 220). Die Tatsachen und Umstände, gegen die er sich wendet, entsprechen dem, was Hamlet als „[d]es Mächtigen Druck" (V. 16), „des Rechts Verschleppung" (V. 17) und „Anmaßung der Ämter" (V. 18) bezeichnet.
- Beide Figuren geraten in einen Konflikt zwischen ihrem individuellen Rechtsempfinden und den sie umgebenden Rechtssystemen
- Bei Hamlet handelt es sich jedoch um eine absolutistische Monarchie, in der die Willkürherrschaft des Königs offensichtlich ist und die jeglicher aufklärerischen Vernunft zuwiderläuft
- Oliver Zurek hingegen lebt in einem modernen Rechtsstaat, der – wie es der evangelische Bischof in seinem Brief formuliert – „in unserer gebrechlichen Welt die einzig menschliche Einrichtung ist, Unrecht zu ahnden" (S. 73 f.), d. h. dass ihm zumindest theoretisch Rechtsmittel zur Verfügung stünden. Allerdings zeigt der Roman auch, dass „der Rechtsstaat [...] uns keine Gerechtigkeit garantieren [kann]" (S. 74).
- Hamlet überlegt noch, ob er es wagen soll zu kämpfen, und formuliert Angst vor den Strafen des Jenseits (vgl. V. 11–13)

- Oliver ist zu Beginn des Romans schon tot, da er bereit war, bis zum Lebensende für sein Rechtsempfinden mit dem „Zorn des Löwen" (S. 121) zu kämpfen. Er hört nicht auf den Bischof, der ihn zur Umkehr ruft (vgl. S. 74); dieser droht allerdings nicht mit einer Bestrafung im Jenseits, sondern damit, dass „der Staat […] sich mit seinen Gewalten gegen [ihn] wenden" (S. 74) werde, und rät ihm ab, „unschuldiges Blut [zu] vergießen" (S. 74).
- Oliver hat sich dagegen entschieden, „Schleuder und Pfeil des wütenden Geschicks [auszuhalten]" (*Hamlet*, V. 2 f.). Wie der Pfarrer in seiner Grabrede darstellt, war er nicht bereit, „ruhig und besonnen die Ungerechtigkeiten hin[zu]nehmen" (S. 120 f.), hat also die von Hamlet genannte Alternative „Aufstand" (V. 5) gewählt.
- In den Augen seiner Freundin steht Oliver für „Moral, […] Kraft und Disziplin" (S. 166), also für das, was Hamlet zufolge durch die Angst vor dem Tod und die Reflexion über potenzielle Folgen des Handelns verhindert wird: „Der angebornen Farbe der Entschließung/Wird des Gedankens Blässe angekränkelt/Und Unternehmungen von Mark und Nachdruck/Durch solche Vorsicht aus der Bahn gelenkt" (V. 29 f.).
- Auch wenn Oliver sich auf der Handlungsebene offenbar für den terroristischen Kampf im Untergrund entschieden hat, bescheinigen ihm seine Eltern und seine Freundin Katharina empfindsame, fantasievolle, introvertierte Charakterzüge (wie die Hamlets) sowie eine Sehnsucht nach Bürgerlichkeit (vgl. S. 69, S. 166, S. 74)
- Fazit: Anders als Hamlet, der seine Unfähigkeit zur Handlung äußert, ist Oliver ein handelnder Mensch und scheut auch die Konsequenzen – seinen eigenen Tod – nicht

> **TIPP** Überlegen Sie sich die Wahl Ihres Vergleichstextes gut und bleiben Sie dabei, auch wenn Ihnen während des Schreibens der andere Text plötzlich einfacher oder schlüssiger erscheint. Wenn Sie zwischendurch die Textwahl ändern, verlieren Sie zu viel Zeit.

Aufgabe B.3

Nehmen Sie dazu Stellung, welche literarische Figur Sie […] beeindruckt hat. …

> **HINWEIS** Bei dieser Teilaufgabe sollen Sie eine Figur wählen, die Sie aus dem Deutschunterricht der Oberstufe kennen (nicht die in B.2 bearbeitete). Sie sollen überlegen, wie sie im Hinblick auf die Alternativen „Handeln oder nicht handeln? …" verortet werden kann. „Stellung beziehen" heißt, dass Sie Ihre eigene Meinung formulieren müssen, allerdings nicht völlig frei, sondern in Bezug auf die in der Aufgabenstellung formulierte Thematik.

Lösungsschritte

1	Sich noch einmal die Aufgabenstellung verdeutlichen
2	Eine Figur wählen
3	Stichwortartig notieren, wie diese handelt bzw. etwas erduldet
4	Stichwortartig notieren, was Sie daran beeindruckt und ob Sie das gut finden oder nicht
5	Zusammenhängenden Text mit Einleitung, Hauptteil, Schluss schreiben
6	Geschriebenes erneut lesen, überprüfen, überarbeiten

Stichpunktlösung

- Einleitung mit Verweis auf die Aufgabenstellung und die gewählte Figur (und den Text, aus dem sie stammt), z. B. Woyzeck aus Georg Büchners gleichnamigem Drama
- Woyzeck muss vieles erdulden. Beispiele: Der Hauptmann erniedrigt ihn; der Arzt benutzt ihn für seinen inhumanen Menschenversuch; Ächtung durch die Gesellschaft, weil er ein uneheliches Kind hat.
- Woyzeck hat keine Chance, es in dieser Welt zu etwas zu bringen
- Er erduldet sein Schicksal lange passiv, jedoch nicht, weil er – mit Hamlets Worten – „das Graun vor etwas nach dem Tod" (V. 23) fürchtet, sondern weil er keinen Ausweg für sich im Diesseits sieht und Marie und das Kind schützen und versorgen will

- Als Marie ihn mit dem Tambourmajor betrügt, kann er sein Schicksal nicht mehr passiv ertragen, er wird aggressiv und tötet sie. Allerdings ist dies kein bewundernswertes Handeln oder Kämpfen im Sinne Hamlets, das eine Rebellion mit sich bringen könnte, sondern ein Akt der Verzweiflung, der ihn nicht aus dem Verderben erlöst.
- Dennoch hat Büchners Drama als solches (und insofern auch Woyzecks Handeln) möglicherweise ein Stück dazu beigetragen, dass die Menschen gegen Unrecht in der Gesellschaft rebellierten (z. B. in der Revolution von 1848). Somit stellt auch die Figur Woyzeck einen Schritt auf dem Weg zu dem von Hamlet geforderten mutigen Handeln dar.

TIPP Wählen Sie eine Figur, die Ihnen (auf angenehme oder unangenehme Weise) besonders lebhaft im Gedächtnis geblieben ist. So wird es Ihnen leichter fallen, Stellung zu beziehen.

2012 LÖSUNGSVORSCHLAG ■ Vorschlag C

Lösungsvorschlag C: Realitätsverlust

Aufgabe C.1

Geben Sie den Inhalt [...] wieder und analysieren Sie diesen im Hinblick auf Malones Wirklichkeitsauffassung ...

> **HINWEIS** Verfassen Sie zunächst einen Einleitungssatz und stellen Sie dann den Inhalt des Prosatextes übersichtlich dar. Achten Sie darauf, dass Sie alle Handlungsschritte berücksichtigen. Untersuchen Sie im Anschluss daran ein wichtiges Thema der Geschichte: die Wirklichkeitsauffassung des Protagonisten. Konzentrieren Sie sich in Ihrer Darstellung also auf die Hauptfigur und deren Erfahrungen, Handlungen und Konzepte in Bezug auf die reale bzw. virtuelle Welt. Belegen Sie Ihre Erkenntnisse jeweils mit anschaulichen Textbeispielen.

Lösungsschritte

1	Den Text mindestens zweimal gründlich lesen
2	Sich noch einmal die Aufgabenstellung verdeutlichen
3	Den Text nochmals genau lesen, dabei den Handlungsverlauf erfassen und in Sinnabschnitte unterteilen
4	Sinnabschnitte jeweils in einem Satz zusammenfassen
5	Einleitungssatz formulieren
6	Inhalt des Prosatextes zusammenfassend wiedergeben
7	Aufgabenstellung und Text erneut lesen, dabei auf die Hauptfigur sowie deren Wahrnehmung und Auffassung von Realität achten; beispielhafte Textstellen markieren
8	Feststellen, wo sich Realitätsverlust zeigt, und Schlussfolgerungen ziehen
9	Die Ergebnisse in einem zusammenhängenden Text festhalten
10	Geschriebenes erneut lesen, überprüfen, überarbeiten

Stichpunktlösung

- Einleitungssatz: In Paulo Mouras Kurzgeschichte *Der virtuelle Seitensprung*, erschienen in der „Süddeutschen Zeitung" vom 23. Februar 1995, geht es um die Gefahren, die mit der Entgrenzung des Ichs in der virtuellen Realität des Internets einhergehen

Zusammenfassung

- Erzählung beginnt mit dem Ende der Geschichte: In Los Angeles entdeckt die Polizei, informiert durch ihr Computer-Abhörnetz, eine leblose Gestalt, die über der Tastatur ihres Rechners liegt.
- Im Hauptteil geht es um den Protagonisten John Malone: Dieser lebt seit zehn Jahren in New York und arbeitet als Marktanalyst für eine Firma in Memphis.
- John Malone hat seit fünf Jahren seine Dachwohnung in Manhattan nicht mehr verlassen. Den Kontakt mit seiner Firma hält er mithilfe seines Computers aufrecht. Alles was er zum Leben braucht, bestellt er im Internet über America On Line (AOL) unter seinem Nickname R. U. Sirius.
- Auch seine sozialen Kontakte pflegt er über das Internet. Er hat auf dem gesamten nordamerikanischen Kontinent Freunde, mit denen er regelmäßig kommuniziert.
- Seit etwa einem Jahr hat er eine intensive virtuelle Beziehung zu Candi 2000, die er bei einem Singletreff von AOL kennengelernt hat und die in Los Angeles lebt, jedoch ebenfalls nur am Cyberspace interessiert zu sein scheint
- Zu ihrer Beziehung gehört der Austausch von Bildern, die sie selbst kreiert haben, von Liedern, die sie aus dem AOL-Netz auswählen, und von erotischen Handlungen, die sie mithilfe von Cyberspace-Anzügen und elektrischen Stimulatoren ausführen
- Doch mit Malones Liebe wächst seine Eifersucht, denn er vermutet, dass Candi auch Kontakte zu anderen AOL-Mitgliedern pflegt. Er will sie auf die Probe stellen.

- Malone kontaktiert Candi unter einem anderen Pseudonym – D. Juan 007 – und es gelingt ihm, sie zu einem virtuellen Liebesakt zu verführen
- Tief gekränkt beginnt Malone Candi zu hassen und beschließt sie zu ermorden
- Er informiert sich im Internet umfassend über Cybersex und tötet Candi bei ihrem nächsten virtuellen Kontakt durch eine Überstimulation mit Elektroschocks
- Das Ende der Kurzgeschichte führt die in der Einleitung begonnene Rahmenhandlung fort: Die Polizei lässt die verbrannte Leiche obduzieren und stellt fest, dass es sich um einen 50-jährigen Mann handelt. Um ihn zu identifizieren, recherchiert die Polizei im Internet: Der Mann benutzte dort den Namen Candi 2000.

Analyse: Malones Wirklichkeitsauffassung
- Erläuterung wesentlicher Begriffe: Unter Wirklichkeit bzw. Realität versteht man all das, was als tatsächliche Erscheinung oder Gegebenheit wahrnehmbar und erfahrbar ist. Als virtuell wird etwas bezeichnet, das zwar unwirklich ist, aber eine Illusion von Wirklichkeit erzeugt. Bei einem Realitätsverlust geht der Bezug zur Wirklichkeit verloren, d. h., die Wahrnehmung der Realität ist gestört.
- Malones konkrete Wirklichkeitserfahrungen sind sehr eingeschränkt: Er lebt allein in einer Dachwohnung, die er seit Jahren nicht verlassen hat. Kontakt zur Außenwelt hat er ausschließlich über den Computer: Er verdient seinen Lebensunterhalt mit Marktanalysen, die er am Computer erstellt und an seine Firma schickt; mithilfe seines Computers bestellt er alles, was er zum Leben braucht; sein Freundeskreis besteht aus Internetkontakten. Malone hat also den Bezug zur normalen Lebenswelt und damit den Zugang zu direkten menschlichen Begegnungen und sinnlichen Eindrücken verloren.
- Malone erinnert sich kaum noch an reale Erfahrungen: „An diese Zeit erinnerte er sich nur noch wie an einen Traum" (Z. 21). Nur zuweilen fallen ihm „flüchtige Bilder" (Z. 22) ein, denn er ist „endgültig" (Z. 20) „in die virtuelle Welt" (Z. 21) eingetreten.
- Der Bruch zwischen tatsächlicher und virtueller Realität zeigt sich im Gebrauch seines Namens: Im Internet verwendet er nicht seinen realen Namen John Malone, sondern R. U. Sirius als „Bildschirmname[n]" (Z. 7); er gibt sich also eine neue, virtuelle Identität, die nur im Internet gilt. Im Verlauf der Erzählung erschafft Malone eine weitere virtuelle Identität: D. Juan 007. Diese virtuellen Namen drücken seine jeweilige Befindlichkeit aus: Sirius ist der Name eines Sterns, R. U. Sirius könnte aber auch als „Are you serious?" verstanden werden; mit dieser Frage wird der virtuelle Partner direkt angesprochen, seine Ernsthaftigkeit bzw. Aufrichtigkeit erfragt. D. Juan 007 ist eine Kombination aus Don Juan, dem Frauenhelden, und dem Geheimagenten James Bond mit der Nummer 007, der die Erlaubnis zum Töten hat; mit diesem Namen signalisiert Malone seine erotische Absicht, sein verdecktes Handeln sowie seine Gewaltbereitschaft.
- Malone unterhält eine Internetbeziehung zu Candi 2000; Candi kann als weiblicher Kosename, abgeleitet von „candy" (Süßigkeit, Bonbon), verstanden werden. Die Zahl 2000 könnte ein Hinweis auf die Jahrtausendwende sein. Der Name signalisiert Weiblichkeit, Süße sowie Hoffnung auf eine neue Zeit.
- Malone hat Candi „bei einem Fest in einer der virtuellen Begegnungsstätten für Singles der AOL" (Z. 14 f.) kennengelernt. Sie beschreibt sich als 20-jährig, grünäugig und blond. Malone verliebt sich aber v. a. in seine Vorstellung von Candi, deren virtuelles Verhalten ihn an Frauen erinnert, die er früher einmal in Kalifornien gesehen hat. Ihn ziehen ihre „Sinnlichkeit und Ungezwungenheit, die allen Frauen in der ‚Stadt der Engel' eigen" (Z. 16 f.) sind, an. Hier zeigt sich, dass Malone nur noch eine klischeehafte Vorstellung von Frauen hat und nicht mehr in der Lage ist, individuelle Züge wahrzunehmen.
- Für Malone ist Candi die große Liebe, obwohl – oder gerade weil – er sie nicht als reale Person kennt: Er besitzt von ihr nur „ein wunderschönes Bild auf dem Computerbildschirm" (Z. 22 f.), das Candi von sich „erschaffen" (Z. 23), also unabhängig von ihrem wirklichen Aussehen kreiert hat. Sie tauschen sich schriftlich über ihre gemeinsamen Interessen aus. Auch ihre erotische Beziehung ist rein virtuell: Mit Cyberspace-Anzügen und Mausklicks stimulieren sie sich gegenseitig.
- Dennoch wecken diese Intimitäten Malones Leidenschaft, die bald durch Eifersucht getrübt ist und zu einem virtuellen Treuetest und schließlich zum Mord an der treulosen Geliebten führt: Malone nimmt sich das Recht, über Leben und Tod zu verfügen; sein Handeln begründet er folgendermaßen: „In der virtuellen Welt, auf der Datenautobahn […] war der Wert der Treue wichtiger denn je" (Z. 33 f.).
- Diese Ansicht erscheint paradox, da normalerweise diejenigen, die sich auf virtuelle Begegnungen unter falschem Namen einlassen, die Unverbindlichkeit derartiger Kontakte suchen. Malones Verhalten zeigt Realitätsverlust, Egoismus, mangelnde Empathie und fehlendes Rechtsbewusstsein.
- Malone begeht den realen Mord an der fiktiven Candi 2000, weil er in der medialen Welt völlig vereinsamt ist und in

dieser Isolation wahnhafte Züge entwickelt: Er reflektiert beispielsweise nicht, dass er selbst die beiden Beziehungen zu Candi 2000 nur mit fiktiven Identitäten eingegangen ist und er ebenfalls die Treue zu Candi durch die zweite fiktive Beziehung gebrochen hat; er hat also den Bezug zur Realität gänzlich verloren.
- Die Enthüllung der wahren Identität Candis offenbart, wie sehr sich Malone von seiner Fantasie, aber auch von einer nur virtuell existierenden Identität hat täuschen lassen

Aufgabe C.2

Untersuchen Sie, inwiefern Woyzeck [...] und Faust [...] Elemente von Realitätsverlust aufweisen.

> **HINWEIS** Bei dieser Aufgabe geht es um die Frage, ob sich im Verhalten und in den Vorstellungen der Figuren Woyzeck und Faust Zeichen von Realitätsverlust bemerkbar machen. Da von Ihnen kein Vergleich gefordert wird, können Sie sich mit den beiden Figuren einzeln auseinandersetzen. Erinnern Sie sich zunächst an wesentliche Aspekte bei der Besprechung der jeweiligen Dramenfigur im Unterricht und notieren Sie dann wichtige Punkte zu den Kategorien Handlungsweisen und Vorstellungen. Erläutern Sie, wo ein Realitätsverlust deutlich wird und wie er sich zeigt. Suchen Sie erst dann nach weiteren Details und Textbelegen im jeweiligen Drama.

Lösungsschritte

1	Aufgabenstellung nochmals genau lesen, dabei wesentliche Hinweise markieren
2	Tabelle für Woyzeck erstellen (eine Spalte für Verhalten, Handlungsweisen, Vorstellungen und eine Spalte für die jeweils dazugehörigen zentralen Textbelege)
3	Wesentliche Aspekte zu Woyzecks Verhalten und Vorstellungen eintragen
4	Zentrale Textstellen für Woyzecks Verhalten und Vorstellungen im Drama suchen und stichpunktartig mit Seiten- und Zeilenangaben in der Tabelle notieren
5	Zusammenfassende Schlussfolgerungen ziehen: Inwiefern sind bei Woyzeck Elemente von Realitätsverlust erkennbar?
6	Zusammenhängenden Text verfassen, in dem Woyzecks Handlungsweisen und Vorstellungen dargelegt und mit Textbeispielen belegt werden; abschließende Interpretation der Figur hinsichtlich ihres Verhältnisses zur Realität formulieren
7	Schritte 2–6 wiederholen für Faust
8	Geschriebenes erneut lesen, überprüfen, überarbeiten

Stichpunktlösung

Woyzeck
- Woyzecks Wahrnehmung der Realität wird immer wieder von wahnhaften Vorstellungen durchbrochen. So erinnert sich Woyzeck an Visionen und meint trotz Stille Klänge zu hören und ein helles Licht zu sehen: „Ein Feuer fährt um den Himmel und ein Getös herunter wie Posaunen" (1. Szene „Freies Feld. Die Stadt in der Ferne").
- Woyzeck fühlt sich verfolgt und berichtet davon Marie: „Es ist hinter mir gegangen bis vor die Stadt. Was soll das werden?" (2. Szene „Die Stadt")
- Auch gegenüber dem Arzt erklärt Woyzeck, in der Mittagssonne rede „eine fürchterliche Stimme", und verweist auf die „Figuren" der Schwämme und dass diese etwas mitteilten: „Wer das lesen könnt" (8. Szene „Beim Doctor"). Der Arzt diagnostiziert freudig eine „aberratio mentalis partialis, die zweite Species", die er auf eine Erbsendiät zurückführt, die Woyzeck seit einiger Zeit durchführt, um zusätzliches Geld zu verdienen, und von der er physisch und psychisch geschwächt ist.
- Ansonsten scheint Woyzeck bei klarem Verstand zu sein, denn er verrichtet seine Arbeiten zuverlässig. Auch dies diagnostiziert der Arzt: „Zweite Species, fixe Idee, mit allgemein vernünftigem Zustand" (8. Szene „Beim Doctor").
- Als Woyzeck von Maries Treuebruch erfährt und sie beim Tanzen mit dem Tambourmajor beobachtet, hört er Stimmen, die ihm befehlen Marie zu töten: „stich, stich die Zickwolfin todt" (12. Szene „Freies Feld").
- Woyzeck besorgt sich ein scharfes Messer, führt Marie aus der Stadt und ermordet sie. Anschließend tanzt er im Wirtshaus, wo man Blutspuren an seiner Hand bemerkt. Er läuft weg, um sich zu waschen und das Messer zu

- verstecken. Woyzeck wirkt also einerseits so, als ob er bei klarem Verstand wäre, andererseits zeigt sein Benehmen, dass ihm die Tragweite seiner Tat nicht bewusst ist.
- Als er das Messer sucht, spricht er mit der ermordeten Marie und mit sich selbst, scheint also den Bezug zur Realität verloren zu haben
- Da Woyzeck sich aufgrund seiner psychischen Bedingungen nur reaktiv verhalten kann, verzweifelt er nach den Demütigungen durch Hauptmann (5. Szene „Der Hauptmann. Woyzeck", 9. Szene „Straße"), Arzt (8. Szene „Beim Doctor", 9. Szene „Straße", 18. Szene „Hof des Doctors") und Tambourmajor (11., 14., 22. Szene „Wirtshaus") und wegen Maries Untreue (16. Szene „Kammer", 11. Szene „Wirtshaus")
- Woyzecks Verhalten zeigt einen zunehmenden Realitätsverlust: Er ist getrieben von Vorstellungen und Stimmen, die er in der Natur zu hören glaubt. Ob diese vom Erbsenexperiment ausgelöst werden oder andere Ursachen haben, beispielsweise eine psychische Krankheit, wird im Verlauf des Dramas nicht explizit erkennbar.

Faust
- Um seinen Erkenntnisdrang zu befriedigen, bemüht Faust die Magie („Drum hab' ich mich der Magie ergeben,/ […] / Dass ich erkenne, was die Welt/Im Innersten zusammenhält", V. 377–383). Mit der Beschwörung des Makrokosmoszeichens soll sich ihm das Weltgeheimnis offenbaren, doch enttäuscht meint er: „Welch Schauspiel! Aber ach! Ein Schauspiel nur!/Wo fass' ich dich, unendliche Natur?" (V. 454 f.). Auch die Beschwörung des Erdgeistes, mit dessen Hilfe er die menschlichen Grenzen überwinden will, misslingt, denn dieser bescheinigt ihm: „Du gleichst dem Geist, den du begreifst,/Nicht mir!" (V. 512 f.)
- Faust nennt diese Begegnungen „Gesichte" (V. 520), also Visionen bzw. übernatürliche Erfahrungen als religiöse Erfahrung. Er führt sie aktiv herbei und erlebt dabei keinen Wirklichkeitsverlust, sondern eine kurzfristige Wahrnehmungserweiterung, die seine Hoffnungen jedoch nicht erfüllt.
- Fausts Gedanke an Selbstmord ist nicht nur Zeichen seiner Hoffnungslosigkeit, sondern auch ein Mittel zur Erweiterung seiner Welterfahrung: „Ich fühle mich bereit,/Auf neuer Bahn den Äther zu durchdringen,/Zu neuen Sphären reiner Tätigkeit" (V. 703–705).
- Mit dem Teufelspakt bzw. seiner Wette bindet sich Faust an die schwarze Magie. Er ist sich sicher, die Kontrolle über Mephisto zu haben. Erstes äußeres Zeichen seines Bundes ist seine Verjüngung (Szene „Hexenküche"); diese geschieht mithilfe eines Zaubertranks, da Faust die Magie den Strapazen körperlicher Anstrengung vorzieht.
- Nach seiner Verjüngungskur lernt Faust Gretchen kennen. Er fühlt sich sehr von ihr angezogen und will, als Folge des Zaubertranks, ohne Rücksicht auf gesellschaftliche Konventionen eine Nacht mit ihr verbringen; Gretchen gibt seinem Drängen aus Liebe nach. Hier zeigt sich ein gewisser Realitätsverlust bei Faust, denn er handelt egoistisch, obwohl er weiß, dass er dadurch das Mädchen ins Unglück stürzen wird.
- Mephistos Einfluss bringt großes Unglück über Gretchen und ihre Familie: Ihre Mutter stirbt an dem Schlaftrunk, den sie von Faust bekommen hat. Ihr Bruder Valentin wird im Streit von Faust getötet, weil Mephisto dessen Degen führt.
- Zur Walpurgisnacht, mit der ihn Mephisto von Gretchens Unglück ablenken will, lässt sich Faust bereitwillig mitnehmen und er genießt das Fest der Triebhaftigkeit. Doch er erinnert sich schließlich an Gretchen: Auch hier zeigt sich, dass Faust nur zeitweilig über der fantastischen Welt das reale Leben vergessen kann.
- In Fausts Leben zeigen sich Elemente von Realitätsverlust, denn er bedient sich auf beiden Handlungsebenen, der Gelehrtentragödie wie auch der Gretchen-Tragödie, magischer Mittel, um umfassende wissenschaftliche Erkenntnisse zu gewinnen und menschliche Erfahrungen zu sammeln. Allerdings meint er, die magischen Kräfte kontrollieren zu können, was jedoch nicht der Fall ist.

2012 LÖSUNGSVORSCHLAG ■ Vorschlag C

Aufgabe C.3

[...] Entwerfen Sie eine Rezension [...] anhand [...] formaler und motivischer Aspekte.

> **HINWEIS** Eine Rezension sollte positive und negative (formale, motivische) Aspekte eines Textes benennen und beurteilen. Der Rezensent sollte sich dabei klar positionieren. Beachten Sie, dass Sie nicht aus Ihrer Sicht, sondern aus der eines heutigen Rezensenten schreiben sollen, der die Romantik schätzt und Brechts Werk beurteilt.

Lösungsschritte

1	Sich noch einmal die Aufgabenstellung verdeutlichen
2	Kernkonzept der romantischen Literatur stichpunktartig notieren
3	Text nochmals lesen und überlegen, inwiefern Ideen der Romantik umgesetzt sind
4	Ähnlichkeiten und Unterschiede benennen
5	Schlussfolgerung mit einer Empfehlung entwerfen
6	Zusammenhängenden Text mit Einleitung, Hauptteil und Schluss formulieren
7	Geschriebenes erneut lesen, überprüfen, überarbeiten

Stichpunktlösung

Einleitung

- Das Erschaffen virtueller Welten, d. h. das Nachbauen oder Abbilden der tatsächlichen Wirklichkeit, beginnt mit der Malerei und dem Erzählen von Geschichten
- Rolle der Technik bei der Schaffung von virtuellen Welten: Im Computerzeitalter versteht man unter virtuellen Welten eine am Computer erzeugte Umgebung, mit der die Wirklichkeit möglichst originalgetreu nachgebildet wird, sodass das Bild kaum noch von der realen Welt unterschieden werden kann
- Bedeutung des Computers und neuerdings des Smartphones mit ihrer Vielfalt an Nutzungsmöglichkeiten erläutern und deren Gefahren problematisieren: Sind moderne Medienwelten ein Segen oder ein Fluch für die Nutzer?

Hauptteil

Gefahren der virtuellen Welt

- Datenmissbrauch: Immer wieder liest man, dass Daten im Internet nicht sicher sind; Nutzer müssen aufpassen, wo und wie sie ihre persönlichen Daten preisgeben
- Mobbing: Insbesondere Jugendliche lästern im Internet auf speziellen Seiten über Mitschüler; dies führt oft zu großem Leid und zu Ausgrenzung der Betroffenen
- Vereinsamung: Virtuelle Welten in Computerspielen können das echte Leben ersetzen und es kann zu einem Rückzug aus dem gesellschaftlichen Leben kommen
- Eskapismus: Computerspiele dienen manchen zur Flucht aus dem Alltag. Die Wirkung, insbesondere von Ego-Shooter-Spielen, auf die Psyche und das Verhalten der Spieler ist umstritten: Ob diese Spiele die Gewaltbereitschaft erhöhen oder dem Aggressionsabbau dienen, ist bislang nicht eindeutig geklärt.
- Realitätsverlust: Beim Programm „Second Life" leben die Nutzer in einer virtuellen Parallelwelt, die sie selbst gestalten können und in der sie mit anderen Bewohnern interagieren. Es besteht die Gefahr, dass das virtuelle Leben einen höheren Stellenwert bekommt als das Leben in der Wirklichkeit, was zu Vereinsamung und Abhängigkeit führen kann. Auch psychische Erkrankungen können ein Grund für ausgiebigen Internetkonsum sein, da im virtuellen Leben Persönlichkeitsstörungen oder Selbstwertprobleme kompensiert, aber nicht behandelt werden.
- Suchtgefahr: Übermäßige Nutzung von Computerspielen kann dazu führen, dass alles andere im Leben bedeutungslos wird. Spielsucht führt immer zu gravierenden Problemen, denn das menschliche Bedürfnis nach echten Menschen, Gegenständen, Ereignissen und Handlungen, lässt sich nicht virtuell befriedigen.

Möglichkeiten von virtuellen Welten

- Fantasieanregung und Erprobung von Handlungsentwürfen: Für Jugendliche bieten gute Computerspiele einfallsreiche

Simulationen: Adventurespiele basieren auf einer fiktiven Geschichte und es müssen zum Teil schwierige Rätsel gelöst werden; Strategiespiele ermöglichen es, eine eigene virtuelle Welt zu kreieren und strategisch mit Gefahren und Gegnern umzugehen; bei Computer-Rollenspielen taucht ein Spieler mithilfe einer virtuellen Spielfigur in eine fiktionale Welt ein, in der er Aufgaben meistert.
- Partnersuche: Im Internet gibt es eine Vielzahl von Singlebörsen, mit deren Hilfe man einen passenden Partner und möglicherweise sein Lebensglück finden kann
- Möglichkeiten der Kontaktpflege: Soziale Netzwerke bilden die Grundlage für einfache und weltweite Kommunikation, Chatrooms vernetzen Gleichgesinnte weltweit und ermöglichen einen simultanen Kontakt für Gruppen
- Identitätsentwürfe: Die öffentliche Präsentation des persönlichen Profils in sozialen Netzwerken bietet Gelegenheit, sich mit der eigenen Persönlichkeit auseinanderzusetzen und gleichzeitig andere Menschen mit ihren Vorlieben, Interessen und Einstellungen genauer kennenzulernen
- Steigerung der Kreativität: Blogs bieten die Möglichkeit, sich selbst, eigene Erfahrungen und Gedanken zu präsentieren
- Politisches Engagement: In der politischen Öffentlichkeit nimmt die Bedeutung sozialer Netzwerke, von Blogs und des Mikrobloggingdienstes Twitter zu, denn mit ihrer Hilfe kann sich jeder Gehör verschaffen und sich engagieren
- Bildung: Beim Lernen lassen sich mithilfe virtueller Welten beispielsweise virtuelle Experimente durchführen oder komplexe Zusammenhänge besser begreifen
- Beruf: In vielen Bereichen werden schon heute computergestützte Simulationen eingesetzt, um Modelle zu kreieren und zu testen. In der Medizin können so Eingriffe am Computer geübt werden. Auch Psychologen nutzen bei Bedarf Computersimulationen zur Behandlung von Patienten.

Schluss
- Knappe Zusammenfassung der Ergebnisse, beispielsweise: Bedeutung der digitalen Medien nimmt im privaten wie im beruflichen Bereich zu, virtuelle Welten sind aus Beruf und Alltag nicht mehr wegzudenken; kontinuierlicher Wandel der Medienwelten hat Auswirkungen auf das menschliche Leben
- Besondere Problematik: Speziellen Schutz und professionelle Begleitung müssen Kinder und Jugendliche erhalten, damit sie lernen, die virtuellen Welten zu kontrollieren und für ihre Zwecke zu nutzen
- Abschließendes Urteil hängt von der persönlichen Einschätzung ab und sollte verdeutlichen, inwiefern virtuelle Welten Menschen neue Chancen bieten oder eher schädlich sind, da sie ein hohes Gefahrenpotenzial bergen

> **TIPP** Achten Sie auf einen folgerichtigen Aufbau des Hauptteils: Wenn Sie im Schlussteil die Meinung vertreten, dass der Nutzen der virtuellen Welten überwiegt, so sollten Sie den Hauptteil mit den Ausführungen zu den Gefahren beginnen. Lautet Ihre Schlussfolgerung, dass virtuelle Welten v. a. eine Bedrohung für die Menschen darstellen, sollten Sie den Hauptteil mit den Ausführungen zu den Möglichkeiten virtueller Welten beginnen.

Notizen

Notizen

Notizen

Grünes Licht fürs Landesabitur in Hessen

Abitur-Training	ISBN 978-3-06-
Deutsch	150147-1
Englisch	150152-5
Mathematik	150157-0
Abitur-Prüfung	**ISBN 978-3-06-**
Deutsch GK	150051-1
Englisch GK	150052-8
Mathematik GK	150053-5
Abitur-Wissen	**ISBN 978-3-06-**
Deutsch	150078-8
Englisch	150079-5
Mathematik	150080-1
Biologie	150160-0
Geschichte	150161-7

Informieren Sie sich unter der Nummer 0180 12 120 20 (3,9 ct/min. aus dem Festnetz der Dt. Telekom) oder in unserem Onlineshop: www.cornelsen-shop.de

Notizen